W0314119

DON BOSCO

Monika Lehner

ADVENT UND WEIHNACHTEN

feiern mit Ein- bis Dreijährigen

DON BOSCO

Gerne nehmen wir Ihre Anregungen, Wünsche, Kritik oder Fragen entgegen:
Don Bosco Medien GmbH, Sieboldstraße 11, 81669 München
anregungen@donbosco-medien.de
Servicetelefon: (0 89) 4 80 08-3 41

Bibliografische Information der Deutschen Nationalbibliothek
Die Deutsche Nationalbibliothek verzeichnet diese Publikation in der Deutschen Nationalbibliografie; detaillierte bibliografische Daten sind im Internet über http://dnb.d-nb.de abrufbar.

4. Auflage 2014 / ISBN 978-3-7698-1879-6
© 2011 Don Bosco Medien GmbH, München
www.donbosco-medien.de
Umschlag: Manfred Lehner, BlueCat Design
Umschlagfoto: Manfred Lehner
Layout: ReclameBüro München
Illustrationen: Antje Bohnstedt
Notensatz: Nikolaus Veeser, Schallstadt
Satz: Don Bosco Kommunikation, München
Druck: Don Bosco Druck & Design, Ensdorf

Gedruckt auf umweltfreundlichem Papier

Inhalt

Kleine Kinder feiern Feste

Feste gehören als Höhepunkte mit in den Alltag. Sie machen einen Tag, eine Stunde zu etwas Besonderem, Herausgehobenem. Für kleine Kinder ist alles neu! Ob beim Martinsfest mit seinen bunten Laternen, beim Nikolausbesuch oder im Advent mit seinem strahlenden Höhepunkt am Weihnachtsabend, ob im lustigen Faschingstreiben oder bei der Eiersuche zum Osterfest – die Kinder kommen mit den traditionellen Festen in Berührung, lernen ihre Symbolik kennen und erleben ihre jeweils ganz besondere Stimmung. Und das in einem Alter, in dem ohnehin das Alltägliche schon sensationell ist! Ein einfacher Spaziergang, der Besuch beim Bauern oder ein Bilderbuch bieten jeweils ganz neue Sinneseindrücke und Erfahrungen. Langsam machen sich die Ein- bis Dreijährigen ein Bild von der Welt ... und eben auch von den traditionellen Festen. Wir dürfen die Kinder auf diesem Weg begleiten.

Es geht um die Kinder!

Zentrales Anliegen der Buchreihe „Kleine Kinder feiern Feste“ ist es , die Ein- bis Dreijährigen ins Zentrum der Festplanung und -durchführung zu stellen. Sie sind die Hauptpersonen – generell in der Krippe oder Kita und ganz besonders bei Festen. Immer wenn wir uns sensibel auf die kleinen Kinder einlassen, werden wir die pädagogische Arbeit mit Ein- bis Dreijährigen als vielfältig, reich, sinnvoll und mit viel Freude verbunden erfahren. Diese Freude ist im Alltag, im täglichen Zusammensein mit den Kindern genauso zu erleben wie an Festtagen.

Nehmen wir uns bei der Festgestaltung ein Beispiel an der gutmütigen „Henriette Bimmelbahn“ von James Krüss! Ein Fest soll kein Schnellzug sein, der an den Kindern vorbei- oder gar über sie hinwegrauscht, nur am „Fahrplan“, also an sich selbst und seinen festen Traditionen orientiert. Lieber ein gemütlicher Bummelzug, der die Kinder einsteigen lässt, wo und wann sie können und möchten, und der sie bei Bedarf, bei Überforderung oder Irritationen, wieder aussteigen lässt und dafür die Fahrt kurz unterbricht.

Zur Buchreihe

Die Bücher der Reihe „Kleine Kinder feiern Feste“ wenden sich an alle, die im Rahmen von Kita und Eltern-Kind-Programm mit der Altersstufe eins bis drei befasst sind.

Die pädagogischen und praxisorientierten Ausführungen zu den einzelnen Festen basieren auf der Auseinandersetzung mit Ein- bis Dreijährigen, ihrer Wahrnehmung und Weltsicht, ihren Empfindungen und Bedürfnissen. Die Praxis ist gestützt von pädagogischem Hintergrundwissen, eigenen Gedanken und Reflexionen, die Theorie von der täglichen Praxis und reflektierter Erfahrung durchdrungen. Die Bücher sind so nicht eigentlich am *Schreibtisch* entstanden, sondern sozusagen im *Bodenkreis* – ganz nah bei den Kindern.

Die Bücher bieten eine brauchbare pädagogisch-praktische Melange, die auch ein wenig zum Nachdenken und zur Überprüfung eigener pädagogischer Standpunkte anregen soll. Alle praktischen Anregungen, seien es Lieder, Fingerspiele oder Bastelvorschläge, gehen auf langjährige Berufserfahrung mit Ein- bis Dreijährigen zurück, sind erprobt und orientieren sich an den Entwicklungsaufgaben und -themen, an den Möglichkeiten und Grenzen der kleinen Kinder.

In der fachlich-pädagogischen Arbeit mit Ein- bis Dreijährigen, im Zusammensein mit kleinen Kindern, stehen weder die originelle Idee, noch das jeweilige Fest im Vordergrund, sondern zuallererst das Kind. So wird aus den einzelnen Büchern jenseits des Themenschwerpunkts des jeweiligen Festes immer auch viel allgemeine Krippenpädagogik herauszulesen sein – übertragbar und anwendbar. Dies war mein Anliegen und ist meine Hoffnung.

Monika Lehner

Advent und Weihnachten feiern mit Ein- bis Dreijährigen

Lichter und Kerzen, Sterne und Engel, Düfte und Plätzchen, Geheimnisse und Wünsche, Spannung und Überraschung!

In der Kita feiern wir mit den Kindern die Adventszeit ganz intensiv. Die Jüngsten werden behutsam an die Rituale und Inhalte der Advents- und Weihnachtszeit herangeführt, während die Zwei- bis Dreijährigen schon über eigene Erinnerungen und Erwartungen zur Weihnachtszeit verfügen. Nicht zum ersten Mal brennen für sie die Kerzen auf dem Kranz und auch an das Christkind können sich manche vielleicht erinnern. Wenn nicht bewusst, so doch durch tief ins kindliche Wesen eingeprägte Stimmungen.

Die Faszination für diese spannende und besinnliche Phase im Jahreslauf wird nicht zuletzt in der Kita geweckt und genährt. Im Gegensatz zur allgemein verbreiteten weihnachtlichen Betriebsamkeit und Hektik können wir in unserer Einrichtung in der Adventszeit in geeigneter Weise auf das kindliche Weltbild, die Wahrnehmung und Bedürfnisse der Kinder eingehen. Die *Kinder* sind das Maß für die Dosierung und Gestaltung der Adventsimpulse.

Historisches, Weihnachtslegende und Weihnachtsbotschaft

Advent bedeutet Ankunft (lat. adventus) und bezieht sich auf das Weihnachtsfest, mit dem wir die Ankunft des Erlösers feiern. Der lang ersehnte und erwartete Messias kam weder mit Reichtümern gesegnet noch in einem Palast zur Welt. Nein, so nackt und bedürftig wie alle Menschen wurde das Kind von seiner Mutter Maria geboren. In einem einfachen Stall in Bethlehem, zwischen Heu und Stroh wurde der geboren, der allen Christen als Gottes Sohn gilt.

Eingebettet ist diese „frohe Botschaft“ in die legendarische Beschreibung der politischen und gesellschaftlichen Lebenswirklichkeit des jüdischen Volkes zur damaligen Zeit: die vom römischen Kaiser Augustus befohlene Volkszählung, die Umstände der Herbergssuche von Maria und Josef sowie ihre Zuflucht zwischen Ochs und Esel. Auch der helle Stern über dem Stall gehört untrennbar zur

Weihnachtsgeschichte. Er kündet von der Geburt Jesu – den Hirten in der Nähe, aber auch den weisen Sterndeutern, den „Heiligen Drei Königen“, weit entfernt von Bethlehem und damit allen Menschen.

Adventszeit – Zeit des Wartens

Advent bezeichnet die Wartezeit bis zum Fest dieser besonderen Geburt. In den Anfängen des christlichen Lebens mag der Advent das lange Warten des jüdischen Volkes auf den Messias symbolisch ausgedrückt haben. Eine Sehnsucht, die ja bis heute im Judentum nicht gestillt ist. Die christlich verstandene Wartezeit steht jedoch unter einem ganz anderen Vorzeichen. Sie führt Christen hin zu der aus tiefstem Herzen empfundenen Glaubenswahrheit der Menschwerdung Gottes durch Jesu Geburt. Die einstige Hoffnung ist erfüllt. Mit dem Weihnachtsfest feiert die Christenheit die Ankunft des Erlösers. Sich zum Weihnachtsfest gegenseitig zu beglücken und zu beschenken, ist ursprünglich Ausdruck der Freude über Christi Geburt.

Früher waren die Adventswochen eine Fastenzeit, auch eine so genannte „geschlossene“ Zeit, in der weder ausgelassen gefeiert noch getanzt werden durfte. Dies gehört jedoch auch kirchenrechtlich seit Anfang des vorigen Jahrhunderts der Vergangenheit an. Das Adventsverständnis wandelte sich von einer Vorbereitungszeit der ernsthaften Buße und inneren Reinigung hin zu einer Zeit des hoffnungsvollen Erwartens.

Am vierten Sonntag vor den Weihnachtsfeiertagen am 25. und 26. Dezember wird die Einstimmungsphase auf das Fest eröffnet. Der Advent beginnt. Am Vorabend der Geburt Jesu, am Heiligen Abend, nehmen die Weihnachtsfeierlichkeiten im engeren Sinne ihren Anfang mit Tannenbaum, Geschenken und dem Besuch der Christmette. Am 6. Januar enden die Festtage mit dem traditionellen Besuch der Heiligen Drei Könige.

Inwieweit es sich bei der zeitlichen Einordnung und Beschreibung rund um Jesus’ Geburt um historisch verbürgte Wahrheiten oder um Legendenbildung handelt, darüber streiten sich die Gelehrten. Es wird so sein, wie es immer ist:

Um den realen Kern ranken sich Geschichten und Ausschmückungen. Viel bedeutsamer als der *reale* Hintergrund sind doch die diesen Legenden zugrundeliegenden Inhalte des Glaubens.

Adventliches Brauchtum

In der an rituellen Abläufen übervollen Advents- und Weihnachtszeit haben sich einige zentrale Bräuche herausgebildet, die überall im christlich geprägten Raum gepflegt werden.

Adventskranz und Adventskalender

Adventskranz

Der Adventskranz symbolisiert die Ewigkeit des Lebens und Gottes (Gott, der immer war und immer sein wird). Die vier Kerzen werden nacheinander jeweils an den aufeinanderfolgenden Adventssonntagen entzündet. Sie versinnbildlichen das Warten auf Weihnachten und strukturieren die lange Vorbereitungszeit. Die Flammen der Kerzen hellen nach und nach die Dunkelheit auf. Da Weihnachten bei uns in die dunkle, winterliche Jahreszeit fällt, ist dies auch ganz praktisch erfahrbar. Das sich mehrende Licht weist aber vor allem symbolisch hin auf die alles erleuchtende Geburt des „Christkinds“, auf das Weihnachtsfest.

Adventskalender

Traditionell bekommen die Kinder am 1. Dezember einen weihnachtlich gestalteten Kalender, der bis zum 24. Dezember jeden Tag ein Türchen oder Säckchen zum Öffnen vorsieht. Früher waren diese Kalender meist ganz aus Papier gestaltet, hinter den einzelnen Türchen befanden sich Bilder mit weihnachtlichen Motiven – Schneeflocken, Engel oder Sterne. Mehr und mehr wurden diese einfachen Varianten von mit Schokolade befüllten Adventskalendern abgelöst. In

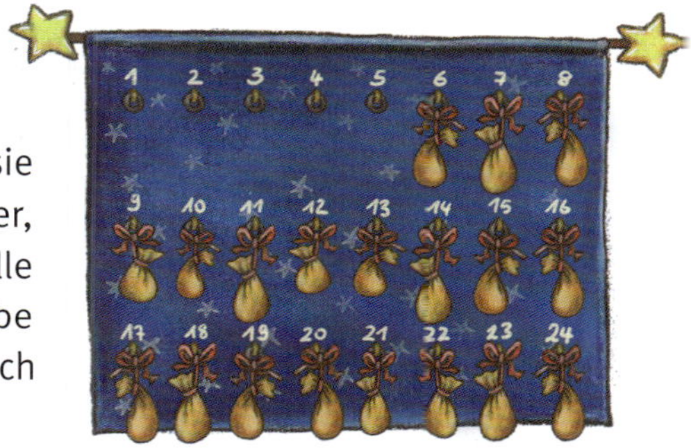

jüngerer Zeit bemühen sich viele Eltern um individuell und sehr aufwändig gestaltete Adventskalender. Anstatt Süßigkeiten enthalten sie zunehmend kleine Aufmerksamkeiten wie Bilder, Büchlein oder kleines Spielzeug. Der materielle Aspekt sollte aber die zeitstrukturierende Aufgabe des Adventskalenders nicht dominieren, wie auch immer er gestaltet und bestückt sein mag.

Weihnachtsbaum und Krippe

Der Christbaum – das zentrale Weihnachtssymbol

Immergrüne Bäume sind Lebensbäume, verlieren sie doch im Gegensatz zu Laubgehölzen ihre grüne Pracht das ganze Jahr nicht. Sie stehen für die Hoffnung und das Leben.

Etwa 400 Jahre liegt es zurück, dass ein Tannenbaum zum Weihnachtssymbol wurde. In Straßburg kamen die Menschen auf die schöne Idee, im kalten und kahlen Winter ein grünes Lebenszeichen aus dem Wald in ihre Stuben zu holen. Zunächst nur mit schönen roten Äpfeln behängt stellte der Tannenbaum einen Paradiesbaum dar. Später wurden aus den Äpfeln leuchtende Glaskugeln – Sterne, Engelshaar und Kerzen kamen hinzu. Vielfach wurde auch Gebäck an die Zweige gehängt, von den Kindern nach der Weihnachtszeit begeistert geplündert.

Wenig mehr als hundert Jahre ist es her, dass der geschmückte Baum über die Grenzen Deutschlands hinaus bekannt wurde. Seither hat dieses zentrale Weihnachtssymbol eine beispiellose „Karriere“ hingelegt. Weltweit freut sich der Christbaum größter Verbreitung und Beliebtheit.

Die Weihnachtskrippe – szenische Darstellung von Jesu Geburt

Die Weihnachtskrippe weist eine noch längere Tradition auf. Ursprünglich geht die szenische Darstellung der Legende um Christi Geburt auf Franz von Assisi zurück. Auf seine Anregung hin stellten um das Jahr 1200 leibhaftige Männer, Frauen und Kinder die Heilige Familie nebst Hirten und Könige dar, später wurde die Szenerie zunehmend bildlich gestaltet. Vor etwa 400 Jahren tauchte die aus Holz geschnitzte, bis heute bekannte und beliebte Weihnachtskrippe in Deutschland auf. Krippen gibt es in unzähligen Varianten: ganz schlicht, mit Maria, Josef und dem Jesuskind im Stall bei Ochs und Esel oder umfassende Weltdarstellungen, in welchen die Szene im Stall zu Bethlehem eingebettet erscheint. Besonders im Alpenraum erfreuen sich Krippen großer Beliebtheit. Aber auch im südlichen Italien sind die *presepi*, die kunstvollen Krippen, nach wie vor zu Hause, hochgeschätzt und lebendig in der öffentlich Wahrnehmung.

Plätzchen und Päckchen

Mit viel Liebe und Aufwand wird in den meisten Familien besonderes Weihnachtsgebäck hergestellt. Spitzbuben, Vanillekipferl, bunt verzierte Butterplätzchen, Lebkuchen – der Reichtum an Variationen der kleinen Leckereien kennt keine Grenzen. Ob gekauft oder selbst gebacken, Stollen und hübsch auf einem Teller angerichtete Plätzchen gehören zur Adventszeit einfach dazu.

Von großer und offenbar immer noch zu steigernder Bedeutung ist schließlich der Brauch des sich gegenseitigen Beschenkens am Heiligen Abend. Regional unterschiedlich bringen das Christkind oder der Weihnachtsmann, eine eher verweltlichte Figur, die Geschenke für die Kinder. Wie auch immer, die Kinder werden im Glauben daran bestärkt, dass die Geschenke von einer himmlischen Macht unter den Tannenbaum gelegt wurden.

Achtung und Zuneigung der Menschen untereinander bilden den symbolischen Hintergrund der Geschenke, oft gerät der Weihnachtseinkauf allerdings zum

gezwungenen Geschenkmarathon. Dabei sollte nicht vergessen werden: Schenken hat etwas mit Liebhaben zu tun!

Im religiösen Sinne stehen die Weihnachtsgaben sinnbildlich für das große Geschenk Gottes an die Menschen, das Kind in der Krippe. Ihm zu Ehren feiern wir das Weihnachtsfest. Jesus Christus, das im Stall geborene Kind und das Gaben bringende Christkind vermischen sich dabei in der Vorstellung.

Zusammenwirken von Familie und Kita – Themen für den Elternabend

Bevor wir mit unseren Kindern in die Adventsphase einsteigen, laden wir zu einem Elternabend ein. In diesem Rahmen können die Öffnungszeiten der Weihnachtsferien sowie der Termine für die gemeinsame Adventsfeier mitgeteilt werden. Auch Sankt Nikolaus und sein Besuch bei den Krippenkindern wird Thema des Abends sein. (···> siehe auch Monika Lehner: Nikolaus feiern mit Ein- bis Dreijährigen, Don Bosco, München 2011)

Organisatorische und inhaltliche Fragen

Termine sind wichtig für Eltern, bilden aber sozusagen nur das „Kleingedruckte" des Elternabends. Wesentlicher als die organisatorischen Fragen sollten inhaltliche Themen rund um die Advents- und Weihnachtszeit in Kita und Familie sein. Die Eltern werden darüber informiert, in welcher Form und mit welchen inhaltlichen Schwerpunkten die Weihnachtsvorbereitungen in der Einrichtung ablaufen. In einer konfessionellen Einrichtung wird es kaum Diskussionsbedarf über die Begegnung der Kinder mit dem christlichen Festezyklus geben. Haben Eltern allerdings ihre Kinder ganz bewusst in einer religiös nicht gebundenen Kita angemeldet, können unterschiedliche Ansichten über das Wie und Warum der Adventszeit durchaus zu kontroversen Debatten führen. Kinder mit anderem kulturellen und religiösen Hintergrund sind hier besonders sensibel einzubinden. Hierbei sollten wir die Position der Eltern respektieren, ob sie eventuell eine *passive* Teilnahme der Kinder am Adventsgeschehen zulassen oder für das Kind nötigenfalls eine Alternative anbieten.

Die Position der Einrichtung zum Thema sollte eindeutig, gut reflektiert und begründet sein. Von allen Eltern bei der Anmeldung zur Kenntnis genommen und akzeptiert, bieten das Leitbild und die Konzeption der Einrichtung die notwendige Orientierung.

Erfahrungsaustausch zu Werthaltungen und Familientraditionen

Der Elternabend bietet auch ein gutes Forum für Ideen- und Erfahrungsaustausch. So werden die Eltern miteinbezogen und sensibilisiert für die Unterschiede zwischen den verschiedenen Familien sowie zwischen einzelnen Familien und Kita. Unterschiede dürfen durchaus bestehen bleiben, wenn auch ein möglichst genauer Abgleich mit den Vorstellungen der Eltern hinsichtlich der Festgestaltung wünschenswert ist.

Schon Kinder im Krippenalter werden von ihren Eltern und Geschwistern ganz unterschiedlich an das Weihnachtsfest und seine Vorbereitung herangeführt. Bei Familien verschiedener Konfessionen ist dies naheliegend und hier muss in besonderem Maße mit den Eltern besprochen werden, inwieweit ihre Kinder an Adventsritualen und Weihnachtsvorbereitungen teilhaben können und sollen. Auch Familien ohne religiöses Bekenntnis müssen hier berücksichtigt werden.

In unserer modernen Gesellschaft begehen aber auch längst nicht alle Familien mit christlichem Taufschein das Weihnachtsfest in gleicher Weise. Im Laufe der Zeit hat sich eine durchaus wohltuende Pluralität entwickelt. Die Unterschiede betreffen sowohl die Begrifflichkeit als auch die inhaltliche Haltung zum Fest: Hier kommt das Christkind, dort der Weihnachtsmann – hier schmücken die Eltern vor und mit den Kindern den Baum, dort sind die Kinder fest davon überzeugt, dass dies die Englein besorgen. Die einen Kinder wissen schon vor Weihnachten, was sie geschenkt bekommen, die anderen warten gespannt auf den Höhepunkt des Festes voller Geheimnisse. Manche Eltern gehen mit ihren

Kindern in die nachmittägliche Christmette mit Gesang und Krippenspiel, während andere ein durch und durch weltliches Fest feiern, trotz Tannenbaum und liebevoller Bescherung. Die „Zutaten" der christlichen Advents- und Weihnachtszeit sind allgemein gebräuchlich geworden. Dies muss keineswegs eine Sinnentleerung der Symbole bedeuten. Die Liebe in den Familien, vor allem zu den Kindern, findet unterm Tannenbaum auch jenseits eines religiösen Hintergrunds ihren Ausdruck. Wird das Weihnachtsfest aber auch in seinem religiösen Gehalt wahrgenommen und von Dankbarkeit und Hinwendung zu Gott getragen, kann es umso reicher werden.

Wir können der Unterschiedlichkeit der Vorstellungen zur Festgestaltung in den Familien nur gerecht werden, indem wir uns selbst ganz klar darüber sind, mit welchen Inhalten und welchen „Wahrheiten" in unserer Kita die Adventszeit gestaltet wird. Entlang dieser klaren Linie kann das Team seine praktische Arbeit und Begrifflichkeit ausrichten und den Kindern eine deutliche Orientierung vermitteln.

Warten im Advent – Das Zeitverständnis von Kleinkindern

Vom Wortstamm her bedeutet Advent „Ankunft" – für Kinder allerdings bedeutet Advent „Warten". Warten ist nicht gerade die größte Stärke von kleinen Kindern. Der kürzeste Aufschub kann als dramatisch lange empfunden werden. Entsprechend heftige Reaktionen des kindlichen Unwillens sind bestens bekannt. Warten hat viel mit der Zeit und dem eigenen Zeitbegriff zu tun. Wir Erwachsene schauen beispielsweise auf unsere Armbanduhr und lesen die noch fehlenden 5 Minuten ab. Auf Grund unserer Erfahrung können wir vorhersehen, wie lange diese Zeitspanne dauert. Trotzdem fällt nicht allen Erwachsenen das Warten gleich leicht. Ebenso wie bei den Kindern spielen in die Zeitwahrnehmung individuelle Wesensunterschiede hinein. Wie geduldig ist man? Fühlt man sich von der Zeit gegängelt und will sie kontrollieren oder hat man ein freundschaftliches Verhältnis zur Zeit?

Kleine Kinder begreifen Zeit anders als Erwachsene

Schon kleine Kinder, allen voran Krippenkinder, leben in getakteter Zeit und müssen damit klarkommen. So richtet sich das morgendliche Aufwachen und Aufstehen eher nach dem Dienstbeginn der Eltern als nach dem kindlichen Biorhythmus. Für kleine Kinder ist Zeit noch nicht gleich Uhrzeit. Dennoch wenden Zwei- bis Dreijährige durchaus schon zeitliche Begriffe an.

Die kleinkindliche Zeitvorstellung ist aber viel freier und auch undifferenzierter, als die sprachliche Anwendung vermuten lässt. Gestern und morgen ist oft gleichbedeutend mit vorher und nachher. Sogar Uhrzeiten werden sprachlich nachahmend und spontan richtig platziert, sind jedoch noch ohne konkrete Bedeutung. „Einmal noch schlafen“ ist eine ganz brauchbare Umschreibung für „morgen“, wobei das Kind mit gutem Recht den Mittagsschlaf mit einrechnet. So wird aus morgen eben nachmittags und wir bemerken das Missverständnis vielleicht nicht einmal.

Wir können Zeitpunkte und den Verlauf der Zeit für die Kinder symbolisieren und bebildern und somit überschaubar und nachvollziehbar machen. Das hilft den Kindern, sich in ihrer Lebenswirklichkeit zurechtzufinden und begleitet sie hin zum allgemein üblichen Zeitverständnis.

Die Adventszeit mit Ritualen gestalten

Das Geschehen rund um Advent und Weihnachten gliedert sich in der Kita-Praxis in ein täglich wiederkehrendes, bestimmten Regeln folgendes Ritual und immer wieder zwischendurch im Tagesablauf auftauchende Angebote – vom Singen und Basteln bis zum Schmücken, Backen ... und Naschen.

Dieses Wechselspiel von verlässlichem Ritual und spontanen, überraschenden und spannenden Momenten verleiht dem Advent in der Kinderkrippe sowohl Spannung als auch Sicherheit. Ausgehend von der Geborgenheit der täglichen Feierstunde erleben die Kinder die Adventszeit als eine sehr anregende, gleichsam funkelnde Zeit.

Die tägliche kleine Adventsfeier

Bei der Brotzeit oder im Morgenkreis, je nachdem, wann die ganze Gruppe das erste Mal am Tag zusammenkommt, ist der richtige Zeitpunkt für die tägliche kleine Adventsfeier.

Der Raum wird leicht abgedunkelt und der Adventskranz kommt auf den Tisch oder in die Mitte des Kreises. Da hier schon der erste Stolperstein für die angestrebte festliche Stimmung liegen kann, sollte dies anfangs unbedingt angekündigt werden: „Es wird jetzt gleich ein bisschen dunkel!“ Kleine Kinder bekommen leicht Angst oder gar Panik bei Veränderungen im gewohnten Ablauf. Dies umso mehr, wenn es dunkel wird und dadurch ein wenig unheimlich. Darauf sollten Krippenerzieherinnen vorbereitet sein. Wir können im Zweifelsfall die Vorhänge wieder aufziehen, kurz Licht einschalten, die Kinder kurz aus der Situation herausnehmen, trösten und wieder behutsam in die Gruppe zurückführen. Oft hilft das Naheliegendste – man nimmt ein ängstliches oder verunsichertes Kind schon im Vorfeld oder unmittelbar in der Situation auf den Schoß. Im Laufe der Zeit ritualisiert sich der Ablauf und die Kinder freuen sich schon auf die ungewöhnliche, feierliche Situation.

Ist das Adventsritual noch neu für die Kinder, sollten am besten drei Betreuerinnen anwesend sein. So kann man eventuell auftretende Ängste gut auffangen und die Kindergruppe kann eine harmonische Feier erleben.

Praxis-Ideen

Advent, Advent, ein Lichtlein brennt

Wir zünden die Kerzen auf dem Adventskranz mit feierlicher Geste an, dann reichen sich die Kinder rings im Kreis die Hände und wir sprechen gemeinsam ein kurzes Adventsgedicht.

Advent, Advent, ein Lichtlein brennt.
Erst eins, dann zwei, dann drei, dann vier,
dann steht das Christkind vor der Tür
(dann steht Weihnachten vor der Tür).

Anfangs wird der Reim von den Erwachsenen gesprochen. Jeden Tag aber werden mehr Kinder die Worte kennen und mitsprechen. Das Gedicht kennt buchstäblich „jedes Kind“, gerade das macht ihn so geeignet für Ein- bis Dreijährige.

Findet das tägliche Adventsritual während der gemeinsamen Morgenmahlzeit statt, nehmen die Kinder ihre Brotzeit im Schein der Kerzen ein.

Adventskalender und Adventslied

Nun ist auch der Zeitpunkt für den Adventskalender gekommen. Von der ganzen Gruppe in erwartungsvoller und vielleicht auch ein wenig neidvoller Stimmung beobachtet, öffnet *ein* Kind ein Türchen oder Säckchen. Das „Adventskind“ des Tages wird feierlich in eine Liste (···> Seite 34f) eingetragen und darf am Ende der Feier die Kerze ausblasen. Eine nachvollziehbare Regelung schon für die Kleinsten. Denn was interessiert die Kinder, und zwar schon die allerjüngsten, wenn eine Kerze angezündet wird? – Erfahrungsgemäß wollen alle die Kerze auspusten. Daher zünden wir am Anfang der Adventszeit die Kerze ruhig mehrfach an.

Kerzenflamme und Auspusten sind bei kleinen Kindern eins. Lassen wir die Impulse der Kinder zu und führen sie erst langsam hin zur besinnlichen, abwartenden Adventsstimmung. Nach zwei, drei Tagen hat es sich eingespielt, dass immer nur ein Kind die Kerze bzw. die Kerzen auspusten darf.

Zum Ende der kleinen Feier greift ein Adventslied das Geschehen noch einmal stimmig auf. Diese Melodie wird Teil des Rituals. Oft hört man von den Kindern schon nach dem Entzünden der Kerzen ein aufforderndes „Singen!". Dem kindlichen Wunsch entsprechen wir nur zu gerne und stimmen die Melodie immer wieder an. (···➝ *Lieder rund um den Adventskranz*, Seite 69f)

Die Dauer des täglichen kleinen Adventsrituals wird der Aufmerksamkeitsspanne der Kinder angepasst. Findet es während der Morgenmahlzeit statt, ist der zeitliche Rahmen ohnehin vorgegeben. Im Morgenkreis sind 10 bis maximal 15 Minuten empfehlenswert. Verklingen die letzten Töne des Liedes, werden die Kerzen ausgeblasen und die Vorhänge aufgezogen. Das morgendliche Tageslicht „normalisiert" die Atmosphäre – der Zauber verfliegt. Die Kinder verlassen die „Adventsinsel" und setzen ihren gewohnten Tagesablauf fort.

Kleine „Adventsinseln"

Die Grundatmosphäre in der Kita ist in der Vorweihnachtszeit sicherlich eher ruhig und besinnlich gestimmt, aufgeladen mit gespannter Vorfreude. In diesem besonderen äußeren Rahmen leben die Kinder jedoch ihren gewohnten Lebens- und Spielrhythmus, gemäß ihrem Temperament, ihren Anliegen und Befindlichkeiten.

Die Adventszeit ist wohl die längste thematisch gefasste Phase im Jahreslauf der Kita. Mindestens vier Wochen dauert der Advent, oft auch noch eine Woche länger. Für Ein- bis Dreijährige, die im „Hier und Jetzt" leben, ist das eine ungeheuer lange Zeitspanne, besonders wenn wir uns vergegenwärtigen, welche großen und komplexen Entwicklungsschritte das ein- oder zweijährige Kind in dieser Zeitspanne machen kann.

Keinesfalls muss *jeden Tag* etwas Besonderes zusätzlich zu unserer täglichen Adventsfeier passieren. Trotz oder gerade wegen der täglichen Wiederholung sollten wir diese als eigenständiges „Highlight" bewahren. Wir wollen die kleinen Kinder nicht mit Reizen und Ritualen überfüttern, vielmehr durchdringt das Adventsthema ganz langsam den Kita-Alltag. In loser Reihenfolge und mit den nötigen Pausen bringen allerlei kleine, überraschende Momente die Kinderschar zum Staunen. Wir lassen der kindlichen Fantasie freien Lauf, regen die Vorstellungskraft der Kinder an und nähren so ihre Vorfreude auf das Weihnachtsfest. Um weihnachtliche Faszination entstehen zu lassen, reichen oft schon ganz kleine unerwartete Impulse zwischendurch. Bei einem Spaziergang liegt irgendwo „überraschend" eine goldene Kugel oder an einem Tannenzweig auf dem Weg hat sich Engelshaar verfangen … mit einem Mal duftet es ganz herrlich nach Bratapfel, Zimt und Nelken … vielleicht klingelt auch einmal ein Glöckchen vor dem Fenster …

Die Bedürfnisse der Kinder haben Vorrang

Kleine Kinder werden sich in der adventlichen Stimmung nur wiederfinden, wenn wir wirklich auf ihre Bedürfnisse eingehen. Und die Bedürfnisse von Kindern unter drei Jahren sind erfahrungsgemäß unaufschiebbar! Auch Reibereien und Konflikte zwischen den Kindern machen keine Weihnachtspause. Auseinandersetzungen werden in dieser Zeit von Erwachsenen nur stärker und störender erlebt, weil ein großes Harmoniebedürfnis in der Luft liegt. Als Krippenpädagogen sollten wir also nicht enttäuscht sein, wenn etwa das schöne kleine Adventsritual einmal nicht ganz so harmonisch wie gewünscht abläuft. Kaum ist das „Kling Glöckchen, klingelingeling" verklungen, geht eine Tasse zu Bruch, ein Kind bricht in untröstliches Weinen aus oder es muss dringend eine Windel gewechselt werden. Dies alles *nicht* als lästige Störung des schönen Ablaufs anzusehen, ist ureigenstes Merkmal der Arbeit mit Ein- bis Dreijährigen. Rituale und spontane Angebote bleiben stets durchlässig für die Bedürfnisse der Kinder.

Während eine Erzieherin die Kinder in der Aufmerksamkeit auf die aktuelle Beschäftigung und Stimmungslage hält, kümmert sich die Kollegin rasch um das eine oder andere kleine Malheur. Die Gruppenzusammenkunft im Kreis soll konzentriert und stimmig weitergeführt werden und nicht etwa durch Irritation und Ablenkung zerfransen. Hier wird in der Praxis immer wieder überdeutlich, warum die pädagogische Arbeit mit Ein- bis Dreijährigen einen hohen Personalschlüssel braucht.

Kurze, wohldosierte und altersgemäße Angebote

All die auf Advent und Weihnachten verweisenden Angebote für die ganze Gruppe, für eine kleine altershomogene Gruppe oder einzelne Kinder sind von kurzer Dauer, um den Aufmerksamkeitsbogen der Kinder nicht zu überdehnen. So gerne die Kinder unserer Einladung zu diesen kurzen stimmungsvollen Einsprengseln folgen, so gerne wenden sie sich nach der kleinen Beschäftigung wieder fröhlich ihrem Spielalltag zu. Wir lassen also gleichsam kleine zeitliche „Adventsinseln" entstehen, in denen die Kinder die besondere Stimmung der Vorweihnachtszeit wohldosiert und altersgemäß erleben können.

Rund um den Adventskranz

Der Adventskranz, ursprünglich ein Zeichen für die Ewigkeit Gottes und des Lebens, wird auch in der Krippe zum zentralen Symbol für die Vorweihnachtszeit. Der Adventskranz ist nicht ein Kranz unter vielen, er taucht in der Einrichtung also nur einmal auf und steht im Mittelpunkt des täglichen Rituals in der vorweihnachtlichen Zeit.

Ein- bis Dreijährige haben eine noch wenig genaue Zeitvorstellung. Wie lange dauert eine Woche? Die vier Kerzen auf dem Adventskranz teilen die Zeit für die Kinder in unmittelbar sichtbare Schritte ein. Die Dauer der einzelnen Wochen wird überschaubar, der Fortgang der Zeit erlebbar.

Praxis-Ideen

Wir binden einen grünen Tannenkranz ...

Material:

Tannen- und Schmuckzweige, Dekoelemente nach Wunsch, evtl. Strohkern, dünner Bindedraht, Zange, Astschere, Kerzen, Kerzenhalter, evtl. Schleifen

Als Grundform windet man größere Zweige von Tannengrün zu einem Kranz in der gewünschten Größe. Es gibt auch unterschiedlich große Strohkränze zu kaufen, die jedes Jahr wiederverwendet werden können. Es empfiehlt sich, tatsächlich *Tannenzweige* zu verwenden, da diese weniger spitz sind und nicht so schnell trocken werden und abnadeln wie etwa Fichtenzweige. Dabei dürfen es ruhig ein paar mehr Zweige sein als benötigt, so kann man beim Kranzbinden verschwenderisch damit umgehen. Zum Schluss können noch verschiedene schmückende Zweige, etwa Buchs, Thuja oder Kiefer mit eingeflochten werden, auch Efeuranken sehen sehr schön aus. Ja nach individuellem Geschmack kommen getrocknete Orangenscheiben, Zimtstangen, Hagebutten oder vergoldete Zapfen hinzu.

Der Adventskranz kann und soll im Beisein der Kinder von einer Erzieherin selbst gebunden werden. Die Kinder beziehen wir von Anfang an in das Geschehen mit ein. Sie können etwa von zu Hause verschiedene Zweige mitbringen und so zum Adventskranz in ihrer Krippengruppe beitragen. Oder aber wir finden „ganz zufällig" bei einem Spaziergang verschiedene passende Zweige und nehmen diese mit in die Kita für unseren Tannenkranz. Auch beim Kranzbinden selbst ist Mithilfe gefragt. Mit einer Zange wird Blumendraht abgezwickt und der große Zweig einer Tanne wird mit Hilfe einer Astschere in brauchbare Zweigstücke zerkleinert. Dies übernimmt eine Kollegin gemeinsam mit den Kindern.

Da es einige Zeit in Anspruch nimmt, bis der Kranz fertig gebunden ist und sich die Arbeitsschritte zum Ende hin wiederholen, verlieren die meisten Kinder das Interesse und wenden sich anderen Beschäftigungen zu. Vielleicht schauen sie immer wieder mal in der Kranzbinderei vorbei. Das ist der kurzen Aufmerksamkeitsspanne der Ein- bis Dreijährigen geschuldet und völlig in Ordnung.

... und schmücken ihn zum Adventskranz

An der Fertigstellung des Adventskranzes sollte wieder die ganze Gruppe teilhaben. Im Kreis kann eine wunderbare kleine Beschäftigung daraus werden. Die Kinder finden sich im Bodenkreis ein und der fertig gebundene grüne Tannenkranz wird in die Mitte gelegt. Er wird genau betrachtet und noch einmal besprochen, wie er entstanden ist. Vielleicht erkennen einige Kinder sogar noch ein Zweiglein, das sie in das Werk eingebracht haben. Die Kinder streichen über die ungewohnte Ober-

fläche der gebundenen Zweige. Wie fühlt sich das an? Seltsam stichelig und zart zugleich. Ohne großes Aufheben verbindet allein die ruhige Betrachtung und sanfte Berührung die Kinder mit dem Kranz aus immergrünen Zweigen.

Jedes Kind wird bei der Fertigstellung des Adventskranzes einbezogen

Als nächstes steht die langsame Verwandlung in einen Adventskranz bevor. Wir bereiten das Zubehör zum Aufstecken vor: vier Kerzenhalter, vier Kerzen, besonders schöne Zweiglein und Schmuckelemente wie getrocknete Orangenscheiben oder kleine Kiefernzapfen. Wesentlich ist nicht die Größe und scheinbare Bedeutsamkeit der einzelnen Elemente, sondern dass wirklich für *jedes* Kind ein Element bereitliegt. Die roten Kerzen werden sicherlich am begehrtesten sein. Beginnen wir deshalb gerade nicht mit Kerzenhalter und Kerze, sondern mit einer kleinen getrockneten Hagebutte. So wird deutlich, dass alle Elemente gleich wichtig sind und in der Summe ihren Wert erlangen. Mit pädagogischem Fingerspitzengefühl teilen wir die erwartungsvollen Kinder ein. Wer fängt an? Wem fällt das Warten nicht mehr so schwer? Reihum werden die verschiedenen Elemente mit Aufmerksamkeit und Sorgfalt beigefügt. Am Ende liegt der Kranz verheißungsvoll in der Mitte des Kreises – fehlt nur noch der festliche Glanz der Kerzen. Schon bald ist es soweit!

Zum Abschluss reichen sich die Kinder die Hände. Wir sprechen zum ersten Mal unser Adventsgedicht und stimmungsvoll erklingt ein passendes Lied (··· *Am Tannenkranze*, Seite 70)

Die sorgsame Herstellung eines Adventskranzes zusammen mit den Kindern – mit Ruhe, Achtsamkeit und Schritt für Schritt – ist eine treffende und sehr schöne Symbolik für die kommende Adventszeit.

Der richtige Zeitpunkt

Am Freitag vor dem 1. Adventsonntag wird der Kranz in der Kita gebunden. So kann am darauffolgenden Montag die erste Kerze bei der Brotzeit oder im Morgenkreis entzündet werden.

Wichtig ist, rechtzeitig an die Beschaffung der Materialien zu denken. Die Eltern werden per Handzettel freundlich aufgefordert, den Kindern unterschiedliche Zweige mitzugeben.

Die Kranzbindewerkstatt markiert auch den richtigen Zeitpunkt für all die Lieder und Geschichten rund um Weihnachten. Früher mit dem Einüben von Adventsgedichten und -melodien anzufangen, ist weder sinnvoll noch erforderlich. Der Advent dauert ja lange und gibt uns die Chance, die Rituale wirklich wachsen zu lassen.

Adventskranz und Sicherheit

Die „Berührung" der Kinder mit dem Hauptsymbol der Adventszeit geschieht stets begleitet von der Erzieherin. Der Adventskranz soll nicht in Reichweite der Kinder aufgestellt werden. Krippenkinder sind zu klein, um so einer Versuchung zu widerstehen – mit oder ohne brennende Kerzen. Außerhalb der täglichen kleinen Adventsfeier wird der Kranz mit den vier Kerzen gut sichtbar und sicher in der Höhe verwahrt. Wir wählen einen angemessen attraktiven Platz – keinen Abstellplatz.

Der Adventskranz kann ebenso gut aufgehängt werden. Dünner Blumen- oder Silberdraht wird über Kreuz an vier gegenüberliegenden Stellen direkt um den Tannenkörper geschlungen und so eine einfache Aufhängvorrichtung erstellt. Am Kreuzungspunkt wird der Kranz an einen von der Zimmerdecke hängenden kleinen Haken angebracht, vor dem Fenster oder direkt über dem Tisch. Soll der Kranz an Stoffbändern aufgehängt werden, ist Vorsicht geboten. Die Bänder könnten in die Nähe der brennenden Kerzen kommen und Feuer fangen, wenn der Kranz feierlich auf den Tisch oder in die Mitte des Bodenkreises gestellt wird.

Praxis-Idee

Schwebender Adventskranz

Material:

Rolle zum Einschrauben an der Decke (Vogelrolle oder Blockseilrolle), Haken zum Befestigen der Ziehschnur, dicke Nylonschnur und ein wenig Augenmaß

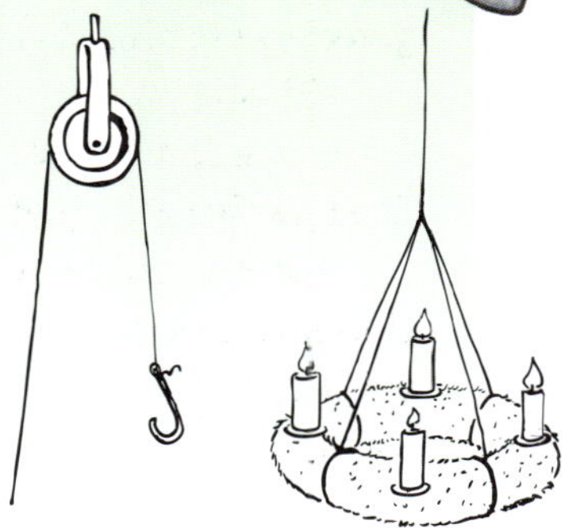

Mit etwas Geschick können wir einen kleinen Flaschenzug über dem Tisch konstruieren. Ein auf- und abziehbarer Adventskranz ist praktisch und fasziniert die Kinder. Erwartungsvoll schauen sie in die Höhe, um ja nicht zu versäumen, wie der schöne Kranz „herabschwebt“.

Sicherheits-Check

Bevor die Kerzen entzündet werden, vergewissern wir uns, dass alles Nötige im Raum vorbereitet ist. Kinder dürfen NIE allein mit brennenden Kerzen oder Anzündern sein – keinen noch so kurzen Moment. Brennende Kerzen dürfen sich nicht über den Kindern befinden. Plötzlich herabtropfendes Wachs kann zu großem Schrecken und bösen Verbrennungen führen. Zur Sicherheit steht immer ein Eimer mit Wasser bereit.

- Kinder NIE allein mit brennenden Kerzen lassen.
- Anzünder außer Reichweite der Kinder verwahren.
- Standfestigkeit der Kerzen prüfen.
- Aufhängung für Adventskranz prüfen.
- Abgebrannte Kerzen früh genug auswechseln.
- Für den Notfall vorsorglich Wasser bereitstellen.
- Erste-Hilfe-Set für Verbrennungen griffbereit halten.
- Verhaltensmaßnahmen im Notfall im Team besprechen.

Der Adventskalender – Tag für Tag

Alles strebt Richtung Weihnachten: Wie der Adventskranz bietet auch der Adventskalender eine kindgerechte Bebilderung der langsam fortschreitenden Adventszeit. Beide Elemente ergänzen sich wunderbar und sind ideal für den Einsatz in der Krippe. Der Adventskalender sorgt zudem für ein tägliches, kleines Spannungsmoment im Tagesablauf. Jeden Tag wird das Warten und Hoffen für jeweils ein Kind belohnt. Die Kinder lernen von ganz klein auf die traditionelle Symbolik kennen und lieben.

Bei allem Einfallsreichtum und allen denkbaren Kalendervariationen: Entscheidend ist eine kindgerechte, aber auch geschmackvolle Aufmachung. So dehnbar dieser Begriff auch sein mag: Tragen wir mit stilvoller Gestaltung der Schmuck- und Sinnelemente des Advents – jenseits von Kitsch und Disneyland – zur ästhetischen Geschmacksentwicklung der Kinder bei. Geeignet sind Filz- und Samtstoffe in ruhigen Farben, Naturmaterialien und ein akzentuierter, sparsamer Einsatz von glitzernden Materialien.

Impulse zur Gestaltung

Es gibt zahlreiche, für die Kinderkrippe sehr gut geeignete Variationen von Adventskalendern. Teilweise können sie auch gemeinsam mit den Kindern hergestellt werden. Gegen eine Mischung aus vorgefertigten, gekauften und selbstgemachten Elementen ist nichts einzuwenden. Lassen wir unserer Kreativität freien Lauf. Vor einen Papierkalender mit Weihnachtskrippenmotiv stellen wir z.B. Holzeselchen, Pferd und Kuh auf ein wenig Heu als Ergänzung. Ein wunderbarer Zusammenklang aus zwei- und dreidimensionaler Gestaltung entsteht, ob im raschelnden Heu eine süße Kleinigkeit versteckt ist oder nicht.

Gemeinsam ist allen Gestaltungsvariationen das Moment des Nehmens und Gebens. Dem Adventskalender wird jeden Tag von einem Kind etwas entnommen, aber auch etwas hinzugefügt. So wird beispielsweise unsere Tannengirlande mit jedem Tag leuchtender, das Bild immer vollständiger, der Raum im Laufe der Wochen immer festlicher.

Praxis-Ideen

Girlande aus Tanne ... und Licht

Material:

Dicker Draht, Zweige, Dekomaterial, gefüllte Säckchen aus Filz oder Goldpapier oder alternativ Lichterkette und farbiges Tonpapier oder Goldfolie

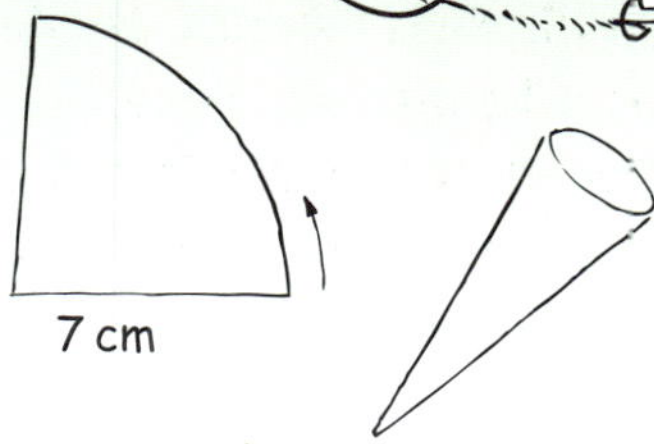

Wir binden entlang eines stabilen Drahts eine grüne Girlande aus Tannengrün, eventuell auch Efeu- oder Buchszweigen. Die Girlande wird an „prominenter“ Stelle im Gruppenraum platziert und mit Filzsäckchen oder Goldpapiertüten in der Anzahl der Kinder (··· *Pragmatischer Umgang mit dem Adventskalender*, Seite 37) und gefüllt mit einer kleinen Leckerei behängt. Jeden Tag darf ein Kind ein Säckchen öffnen. Das grüne Band wird dadurch im Laufe der Wochen jedoch nicht kahl, denn für jede entnommene Gabe wird vom „Adventskind“ (··· Seite 34) etwas hinzugefügt, z.B. ein gebastelter Stern oder ein paar Schneeflocken aus Watte.

Variante mit Lichterkette

Als Alternative könnte der Aspekt des wachsenden Lichts in den Vordergrund treten: Wir umwickeln die Tannengirlande mit einer kurzen Lichterkette, deren Lämpchen mit kleinen Spitztüten aus farbigem Ton- oder Goldpapier verhüllt sind. Diese werden aus einem Viertel-Kreissegment geformt und mit einem Stück Klebeband fixiert. Jeden Tag nimmt ein Kind ein Lichthütchen ab: die Tannengirlande erstrahlt so mit der Zeit immer heller.

Leuchtende Fenster, verheißungsvolle Tür

Material:

Dunkles Tonpapier, transparentes Bastel- oder Briefpapier, Cutter, Schächtelchen, etwas Samtstoff

Vorbereitung:

Aus dunklem Tonpapier schneiden wir eine Stadtsilhouette oder das Dach eines großen Hauses aus, mit ein paar Schwüngen und Erkern. In die Form werden jeweils mit einem Cutter Fenster geschnitten, auf einer Seite aufklappbar. Alle Öffnungen werden vorsichtig einmal aufgeknickt und wieder verschlossen. Hinter jedes Fenster kleben wir farbiges Papier. Am besten eignet sich hier hochwertiges Transparentpapier, da es lichtecht ist und nicht ausbleicht. Am unteren Rand wird eine Türöffnung ausgeschnitten, dahinter bringen wir eine kleine Pappschachtel an. Der entstandene Hohlraum wird mit einem hübschen Samtstoff als Vorhang im Miniaturformat verschlossen. Auf einem Fensterbrett in einem halbrunden Bogen aufgestellt, entsteht so ein zauberhaftes Adventsbild.

Zur Anwendung in der Praxis:

Mit jedem geöffneten Fenster wird das Bild farbiger und heller. Der Raum hinter dem geheimnisvollen Vorhang birgt täglich eine kleine Süßigkeit. Was für ein prickelndes Gefühl für ein Kind, die Hand in den unbekannten Raum zu stecken! Verlässt ein Kind der Mut, so öffnen wir den Samtbehang einen Spalt breit und es wird sicher gerne zugreifen.

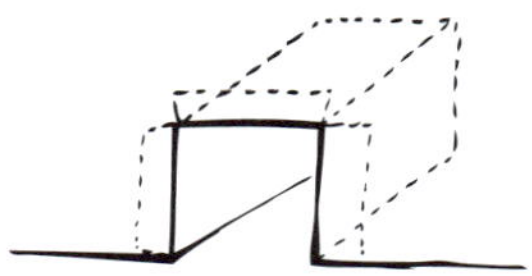

Advent im Wald

Material:

Grüner Filz oder Samtstoff, Moos, Zweige, Wurzeln, Steine, Tonpapier in verschiedenen Grüntönen, ausgeschnittene Papiertiere, Körbchen mit Heu

Eine geeignete Fläche, etwa das Fensterbrett, wird mit grünem Filz, Samt oder Moos ausgelegt. Mit Zweigen, Wurzeln und Steinen dekorieren wir eine einfache Landschaft mit viel Freiraum. Den Hintergrund bildet ein aus Tonpapier in verschiedenen Grüntönen gestalteter Wald, an der Fensterscheibe oder seitlich an der Wand befestigt. Darauf kleben die Kinder jeden Tag ein Tier. Wir bereiten hierfür in passender Größe Hasen, Rehe und Eulen vor – gezeichnet und koloriert oder schematisch aus farbigem Tonpapier ausgeschnitten. Von jeder Sorte gibt es mehrere Exemplare. Für die Waldtiere wird eine aus kleinen Zweigen gebundene Futterkrippe oder ein kleines Körbchen gefüllt mit Heu aufgestellt. Darin findet sich jeden Tag eine Süßigkeit für das Adventskind.

Die Szenerie kann am Ende der Adventszeit zur Weihnachtskrippe werden, indem wir noch Maria und Josef aufstellen und am letzten Tag vor Weihnachten ein Jesuskind in das weiche Lager aus Heu legen.

Plädoyer für Bilderkalender

Lassen wir den guten alten Papierkalender wieder zu Ehren kommen: ganz schlicht jeden Tag ein Türchen öffnen! Dahinter kommt ein Apfel, eine Glocke, ein Englein oder ein Stern zum Vorschein. Nur die Augen und die Vorstellungskraft werden bedient – aber was heißt hier „nur“? Zwar gibt es kein kleines Päckchen auszuwickeln und nichts zu naschen, aber jeden Tag ein neues Papptürchen und ein hübsches Bild sind die kleine Sensation. Vertrauen wir auf die Symbolik und Wirkung eines einfachen Bilderkalenders. Widerstehen wir der Versuchung, ihn unnötigerweise mit Schokolade „aufzupeppen“ und bleiben wir mit der Inszenierung in der elementaren Form. Die Spannung, Vorfreude und Freude der Kinder ist garantiert nicht kleiner.

Gerade Ein- bis Dreijährige sind noch so unvoreingenommen in ihren Erwartungen und von den kleinsten und einfachsten Dingen fasziniert. Bieten wir unseren Kindern diese Freude und greifen ihren Wünschen nicht vor. Ist die Ebene der konkreten Gaben (Süßigkeiten oder kleine Geschenke) allerdings erst einmal beschritten, gibt es kaum ein Zurück. Oft kehrt man erst sehr viel später, als Erwachsener, vielleicht mit der Sehnsucht nach einfachen Freuden und einer schönen Erinnerung an kindliche Adventserlebnisse zu den Kalendern zurück, die gemacht sind aus Papier und Fantasie.

Rund um das tägliche Adventsritual

Im Rahmen der täglichen kleinen Adventsfeier spielt der Adventskalender neben dem Kerzenkranz selbstverständlich eine Hauptrolle. In der Kita hat nicht jedes Kind seinen persönlichen Kalender. Vielmehr gibt es *einen* für die ganze Gruppe. Ein- bis Dreijährige machen erste Erfahrungen mit diesem traditionellen Ritual. Unser pädagogisches Geschick ist also gefragt – Methodik und Einfühlsamkeit.

Adventskind

Es hat sich bewährt, jeden Tag ein „Adventskind" zu benennen. Dieser feierliche Titel zeigt dem Kind an, dass es zum einen beim Adventskalender an der Reihe ist und außerdem auch die Kerzen auf dem Adventskranz ausblasen darf. Diese Regelung ist für die Kinder gut nachvollziehbar und sorgt dadurch für Entspannung. Es ist erstaunlich, wie gut Krippenkinder mit der nicht einfachen Situation rund um den Adventskalender zurechtkommen und den Ablauf respektieren, wenn sie immer wieder das Gefühl vermittelt bekommen, dass ganz bestimmt jedes Kind irgendwann an die Reihe kommt.

Wer und wann?

Mit viel Einfühlung und Kenntnis der einzelnen Kinder suchen wir zu erspüren, wer heute an die Reihe kommen soll. Die einzelnen Kinder erleben das Warten auf „ihren" Tag ganz unterschiedlich. Für die einen ist es selbstverständlich, dass sie die ersten sind, und sie möchten am nächsten Tag gleich wieder drankommen. Manchen fällt das Warten wirklich *zu* schwer! Andere warten still und werden fast übersehen. Vielleicht kommt dann ein Kind an die Reihe, das dies gerade gar nicht erwartet.

Sicher wird man versuchen, die Kinder vor zu großer Enttäuschung zu bewahren und sie nicht „zappeln" zu lassen. Der Adventskalender in der Kita gehört aber nun einmal nicht nur *einem* Kind. Das eine oder andere kindliche Missvergnügen ist also vorprogrammiert. Erklärend vertrösten wir die Kinder auf morgen oder schon ganz bald und unterstützen so ihr Verständnis des Rituals.

Machen wir uns bewusst, dass ein Kind (in der Regel) zu Hause in der Familie jeden Tag ein Türchen bei seinem Adventskalender öffnen darf. In der Kita dagegen kommt es im ganzen Advent (also in vier Wochen) nur einmal an die Reihe. Diesen Unterschied, den sie kaum verstehen können, zu akzeptieren, verlangt von Ein- bis Dreijährigen sehr viel. Erfahrungsgemäß kommen die Kinder aber bald gut damit zurecht – eine bemerkenswerte Anpassungsleistung!

Ob ein Kind an diesem oder jenem Tag zum Adventskind gekürt wird, muss völlig frei von belohnender oder strafender, überhaupt frei von erzieherischer Intention sein. „Du warst heute so brav, deshalb kannst/darfst du das Adventskind sein" ist genauso wenig angebracht, wie die gegenteilige Formulierung: „Du warst nicht brav, deshalb kannst/darfst du heute nicht das Adventskind sein". Beim Adventskalender in der Kita geht es nicht um Erziehung, sondern um den sensiblen Umgang mit einem für die Kinder emotions- und spannungsgeladenen Thema.

Adventsliste

Wir bringen für die Kinder gut sichtbar eine Liste an, auf der für alle Tage des Advents in der Krippe je eine Linie aufgemalt ist. Hier wird jeden Tag das sogenannte „Adventskind" eingetragen. Als deutlicher Akzent im Geschehen wird der Name des Kindes mit großen Buchstaben niedergeschrieben und eventuell mit einem Symbol versehen. So erhalten die Kinder eine kleine Hilfestellung, wer von ihnen schon an der Reihe war und wie viele „freie" Tage noch kommen. Jede noch unbeschriftete Zeile bietet Raum für kindliche Hoffnung und Erfüllung. Es ist erstaunlich, wie empfänglich schon Ein- bis Dreijährige für diese Strukturierung aus Schrift und Linien sind, lange bevor sie die Welt der Buchstaben kennenlernen.

Jeden Tag eine kleine Gabe

So wir uns nicht für den traditionellen Bilderkalender mit seinen verheißungsvollen Papiertürchen entscheiden, wird *für alle Kinder die gleiche Gabe* vorbereitet. Auf diese Weise vermeiden wir eine unnötige zusätzliche Aufregung: „Was bekommen die anderen Kinder? Was werde ich bekommen?". Die Vorfreude und Freude des Kindes, das an die Reihe kommt, wird keineswegs geschmälert, wenn es vorher weiß, *was* es bekommen wird. Nicht was es erhält ist für das Kind von Bedeutung, sondern *dass* es an die Reihe kommt. Es geht beim Kalender-Ritual nicht um das Überraschungsmoment, sondern um den Ausdruck der Wertschätzung für das Kind als Individuum und seine Einbindung innerhalb der Gruppe. Im Übrigen ist für kleine Kinder auch eine bekann-

te und erwartete Gabe immer eine Überraschung! Der Adventskalender sollte weiche, in glänzendes Papier gewickelte Schokolade oder einen kleinen Keks enthalten, nach dem Motto: lieber wenig und in guter Qualität!

Pragmatischer Umgang mit dem Adventskalender

Der Advent in unserer Einrichtung hat naturgemäß weniger Tage als der kalendarische Advent, da ja die Wochenenden wegfallen. Das kleine Problem lässt sich pragmatisch lösen. Der traditionelle Start des Adventskalenders ist der 1. Dezember. Unabhängig von diesem Termin beginnen wir mit dem Kalenderritual zum 1. Advent. Je nachdem, wieviele Tage uns also zur Verfügung stehen, teilen wir die Kinder ein: Sollten es mehr Kinder als Tage sein, können auch einmal zwei Kinder an einem Tag drankommen. Ist es umgekehrt, können entweder die Betreuerinnen mit einbezogen werden oder es ist zur Abwechslung ein Tag dabei, an dem das Säckchen für alle Kinder eine Süßigkeit enthält. In der letzten Woche vor Weihnachten achten wir genau auf die Belegungstage der Kinder, die noch nicht an der Reihe waren. Kein Kind darf übersehen werden!

Die Nummerierung der einzelnen Tage spielt bei Ein- bis Dreijährigen keine Rolle. Bei gekauften Papierkalendern kann man die Zahlen ignorieren und die Kinder aussuchen lassen, welches Türchen sie öffnen wollen. Das meist etwas größer und aufwändiger gestaltete Türchen für den 24. Dezember sollte als Geheimnis bewahrt werden. Es wird in der Kita gar nicht geöffnet. Weihnachten feiern die Kinder ja zu Hause in der Familie, und Weihnachten ist eben nur einmal.

Raumschmuck und Bastelwerkstatt im Advent

Adventsstimmung in den Kita-Räumen

Die Adventszeit wird gern als stille und besinnliche Phase im Jahreslauf apostrophiert, in Bayern wird sie als „staade Zeit“ idealisiert. In der Praxis ist diese Vorbereitungszeit auf das Weihnachtsfest allerdings meist von Hektik, Licht- und Bilderfluten beherrscht und nicht zuletzt auch von Konsum und Kommerz.

Wachsen und werden

Ob im Ortsbild, in Geschäften oder Medien, dem Übermaß an Weihnachtsdekoration kann man kaum entrinnen. Gerade Ein- bis Dreijährige sind dem schutzlos ausgesetzt. Sie nehmen alle Reize ganz unmittelbar auf, ohne sie einordnen zu können. Alle Figuren sind für sie echt und „wahr“. Die Fassaden und Gärten der Häuser sind oft schon deutlich vor dem 1. Advent mit unendlich vielen Lichtern und teils recht kitschigen Figuren „geschmückt“ – Vorwegnahme und Entzauberung allenthalben.

In der Krippe dagegen darf und soll die Atmosphäre im Advent besinnlich und behutsam wachsend sein. Richtung Weihnachten reifen und verdichten sich sowohl die inhaltlichen, wie auch die konkret greif- und sichtbaren Symbole stetig. Die Gestaltung der Räumlichkeiten entwickelt sich langsam vom Alltäglichen ins Festliche.

In der wachsenden Raumdekoration und der inneren Verbindung der Kinder mit den schmückenden Elementen soll sich die Bedeutung des Advents spiegeln. Lassen wir die Kinder teilhaben an der Einstimmung auf ein kommendes, großes Ereignis. Vorbereitung der Räume – Vorbereitung des Herzens.

Allmähliche Verwandlung der Räume während der vier Adventswochen

Das „richtige“ Maß für die weihnachtliche Raumdekoration bewegt sich sicher in einem weiten Rahmen, abhängig vom persönlichen Geschmack. Entscheiden wir uns für eine organische Herangehensweise, für die langsame Entstehung der

Raumbilder und akzeptieren wir auch (anfangs) leere bzw. kahle Dekoflächen. Es dürfen undekorierte Stellen bleiben und es muss nicht immer alles „niedlich“ sein! Blitzt in jedem Winkel ein Stern, lugt aus jeder Ecke ein Engelchen, so stumpfen die Sinne der Kinder eher ab, als dass sie die „Zutaten“ des Advents respektvoll wahrnehmen.

Reflexion und Planung im Team

Zunächst reflektieren wir im Team unser Gestaltungskonzept im Hinblick auf Inhalt, Abfolge und Fülle und überlegen uns erst in einem zweiten Schritt die konkreten Gestaltungsvorschläge. Entlang einer klaren Leitlinie planen wir die Gestaltung der Räume. Hand in Hand mit der praktischen Umsetzung geht die inhaltliche und emotionale Einstimmung der Kinder auf den Advent in der Krippe und ihre Hinführung auf das große Familienfest am 24. Dezember. Bei unseren Überlegungen leitet uns die einfühlsame Wahrnehmung der Kinder. So empfänglich Ein- bis Dreijährige für die Stimmungen der Vorweihnachtszeit sind, so schnell sind sie auch überreizt und überfordert. Sie wachsen erst langsam in die Rituale des Advents hinein und wir dürfen sie dabei leiten und begleiten.

Für Ein- bis Dreijährige ist im Advent alles neu. Langsam nähern sie sich den Stimmungen und Inhalten rund um Advent und Weihnachten und erfahren dabei erste Prägungen innerhalb der vorweihnachtlichen Tradition. Im Mittelpunkt steht in der Krippe das kleinkindliche Erleben. Wir bieten dafür äußerlich und innerlich einen angemessenen und stimmigen Rahmen.

Die erste Kerze brennt

Den Beginn der vorweihnachtlichen Gestaltung der Räume markiert das Binden, Aufstellen oder Aufhängen des Adventskranzes. Hinzu kommt der Adventskalender, der ja nicht nur in idealer Weise die Zeit strukturiert und das Warten „versüßt“, sondern auch über eine starke dekorative, raumbestimmende Dimension verfügt. Vertrauen wir diesen zentralen Elementen und lassen es in der ersten Adventswoche dabei bewenden.

Hinzukommen könnte allenfalls die zunächst leere oder sehr spärlich ausgestattete Grundfläche eines Wandbilds (··· *Weihnachtliche Wandbilder*, Seite 45f) oder ein von der Raumdecke abgehängter großer Tannenzweig. Noch ungeschmückt, aber dadurch nicht weniger imposant, trägt er allein mit seinem Duft zur Veränderung der Stimmung im Raum bei.

Die zweite Kerze brennt

Die zweite Adventswoche ist in der Regel vom Geschehen um Sankt Nikolaus bestimmt. Die Kinder fiebern seinem Besuch entgegen. Dieser für Kinder so bedeutsame und hochemotionale Tag findet seine Entsprechung nun auch in unserer Raumdekoration. Mit gebastelten Säckchen und einer gemalten oder drapierten Winterlandschaft mit Nikolausfigur und Schlitten wird die vorweihnachtliche Atmosphäre im Raum bereichert. (··· Ausführungen zur Feier des Nikolaustags in der Krippe in: Monika Lehner: Nikolaus feiern mit Ein- bis Dreijährigen, Don Bosco, München 2011)

Langsam kommen nun auch selbstgebastelte Sterne an die Wände oder Fenster. Neben vergoldeten Tannenzapfen hängen die Kinder auch einige wenige Sterne an unseren großen Tannenzweig. Der grüne Naturzweig steht am Beginn seiner festlichen Verwandlung.

Die dritte Kerze brennt

Während der dritten Adventswoche wird an begonnenen Basteleien weitergearbeitet, all die fertigen Sterne, Bäumchen, Glöckchen oder Engel werden an passenden Stellen aufgehängt. Lichterketten können etwa in der Kuschelecke oder in mit Decken geschaffenen, dämmrigen Winkeln im Gruppenraum für gemütliche Atmosphäre sorgen.

Auch der nun schon reichlich geschmückte Tannenzweig erhält durch eine funkelnde Lichterkette sein endgültiges strahlendes Gepräge. Bis zum Abschluss der Adventszeit wird er einen Glanzpunkt in unseren Räumlichkeiten bilden.

Entscheiden wir uns für wenige passende Dekorationselemente! Die Vermeidung von optischer Überladung trägt zur genaueren Wahrnehmung und zur positiven Geschmacksbildung der Kinder bei.

Die vierte Kerze brennt

In der letzten Woche des Advents sind unsere Kita-Räume schon ganz im weihnachtlichen Gewand. Dem stimmigen Raumschmuck muss nicht mehr viel hinzugefügt werden. Freilich werden wir die einmal geweckte Bastellust der Kinder nicht bremsen. Es findet sich immer wieder ein Plätzchen für Stern und Engel oder die Kinder nehmen ihre Basteleien mit nach Hause.

Die Ausschmückung der Räume soll mit den Kindern etwas zu tun haben! Lassen wir die Kinder am Entstehen der Schmuck- und Sinnelemente teilhaben. Mitmachen – Selbermachen – Beobachten: Durch passive und aktive Teilnahme erfahren die Kinder die Veränderungen im Raum als etwas, was zu ihnen gehört.

Ist die Schmückung der Räume abgeschlossen, verwenden wir in der Arbeit mit unseren Kindern jetzt immer mehr Zeit für den „inneren Schmuck" – lesen, singen, erzählen ... und verstehen. Eine kleine Weihnachtskrippe kann dabei ins Spiel gebracht werden und das Geschehen rund um das Kind im Stall illustrieren. Das „Kripperl" trägt in schöner und innerlicher Weise zur weihnachtlichen Stimmung im Raum bei.

Die Weihnachtskrippe

Die Krippe entsteht

Die kleine Weihnachtskrippe steht natürlich nicht eines Tages einfach nur da. Wir lassen die figürliche Darstellung der Szenerie vielmehr langsam und sinnerfüllt entstehen und begleiten dies stimmungsvoll auf der sprachlichen Ebene. Die Weihnachtsgeschichte wird in einfachen Worten erzählt, ein geeignetes Bilderbuch betrachtet oder es erklingt das Weihnachtslied „Ihr Kinderlein kommet". Diese traditionelle Weise erzählt gleichsam die Geschichte vom Kind auf Heu und Stroh. Während wir den Kindern das schöne dreistrophige Lied (··· Seite 72) vortragen, werden die einzelnen Elemente der Krippe mit Achtsamkeit aufgestellt. Die Entstehung der Krippe – ob mit oder ohne musikalische Begleitung – vollziehen wir immer wieder aufs Neue bei der Betrachtung der weihnachtlichen Szenerie und vertiefen so die Wahrnehmung der Kinder.

Krippenfiguren

Krippenfiguren gibt es in vielerlei Gestalt. Für unsere Altersstufe sollten sie stabil sein, elementar und schlicht gestaltet und ohne kleinteilige Elemente. Wir beschränken uns beim „Krippenpersonal" auf ganz wenige Figuren. Im Grunde reichen ein Kind im Heu und wenige Tiere. Diese reduzierte Anordnung symbolisiert schon das Wesentliche: Gottes Kind wurde in ganz einfachen Verhältnissen als Mensch geboren. Maria und Josef sowie ein, zwei Hirten können noch hinzukommen. Wir drapieren die Figuren auf einer Grundplatte aus Holz, mit Moos oder grünem Samtstoff bedeckt. Ein Gebäude für den Stall ist nicht nötig. Im Gegenteil, da die Kinder meist im Bodenkreis von oben auf die Darstellung blicken, wäre ein Dach eher von Nachteil.

Der Stern als Symbol für die göttliche Dimension

Ein Stern mit goldenem Schweif, aus stabiler Pappe geschnitten und mit Goldpapier umklebt wird über die Figuren in der Krippe gehalten und schwebt so über der kleinen Szenerie. Er weist über das irdische Geschehen rund um die Futterkrippe im Stall hinaus und steht für die übergeordnete „göttliche“ Dimension.

Die Symbolik des außergewöhnlichen Sterns wirkt dabei auf die Kinder ebenso aus sich selbst heraus wie in längst vergangener Zeit auf die rasch herbeieilenden Hirten. Sie wussten nicht, was in dem einfachen Stall passiert war, aber sie ahnten, es war etwas ganz Besonderes. Der Stern zeigte dies an und wies ihnen den Weg. Vertrauen wir auf die Bilder, die wir unseren Kindern anbieten. Nicht alles muss in Worte gefasst und erklärt werden. Geben wir lieber den Bildern ausreichend Zeit und Raum, um ihren Zauber wirken zu lassen.

Kleine Kinder brauchen noch keine „theologische Unterweisung“, sondern eine altersgemäße Verbildlichung der weihnachtlichen Kernbotschaft.

Umgang mit der Weihnachtskrippe

Ist unsere kleine Krippe sensibel in der Gruppe eingeführt, wird sie etwas erhöht im Raum aufgestellt. Die einzelnen Elemente können auch in einem hübschen Körbchen, ausgelegt mit Heu, Moos oder einem Stückchen Stoff, verwahrt werden und jeweils zur Betrachtung hervorgeholt und immer wieder neu drapiert werden. Wir geben der Heiligen Familie einen würdigen Platz, für die Kinder nicht unmittelbar erreichbar und doch gut wahrnehmbar.

Besteht die Krippe aus stabilem Material, können die Kinder durchaus damit spielen. Dies sollte jedoch stets eine besondere Spielsituation bleiben. Man wird daher die Kinder nicht alleine mit den Krippenfiguren hantieren lassen. Es wäre nur natürlich, dass Maria und Josef samt Jesuskind bald in alle Winkel des Gruppenraums verstreut liegen würden. In achtsamer Haltung und innerhalb einer begleiteten Situation kann die unmittelbare Beschäftigung der Kinder mit den „ehrwürdigen“ Figuren jedoch zur Vertiefung des kindlichen Verständnisses der weihnachtlichen Geschichte beitragen. Greifen und begreifen!

Betrachten oder sich beteiligen?

Zunächst werden wir uns selbst darüber klar, ob es bei unserer Weihnachtskrippe um Betrachtung oder Beteiligung geht. Für beide Aspekte gibt es gute Gründe. So sehr kleine Kinder mit den Händen lernen, sind auch rein visuelle Momente für Ein- bis Dreijährige von Bedeutung. Das ist weit entfernt von einem reflexartigen „Finger weg!". Auch die reine Betrachtung hat in der Krippe, die im Allgemeinen ja sehr zum Anfassen konzipiert ist, ihren Platz.

Allein das Nicht-Anfassen lässt eine achtungsvolle und mild spannende Situation entstehen. Sparsam angewandt und wirklich inhaltlich begründet hat dieser Impuls in der Kita durchaus seine Berechtigung und kann eine bereichernde Wirkung entfalten.

Weihnachtliche Wandbilder

Praxis-Ideen

Der Weihnachtswald

Material:

Weißes Tonpapier von der großen Rolle oder aneinandergefügte Bogen, grünes Tonpapier, Goldfolie, Sternchenstanzer, Watte, Kleber

Auf einem weißen großflächigen Papierformat markieren wir mit ein paar wenigen dunklen Linien eine Winterlandschaft. Die kahlen Hügel und Täler werden nach und nach mit ausgeschnittenen Tannenbäumen in verschiedenen Grüntönen bestückt. Ist die Adventszeit schon ein wenig fortgeschritten, bekleben die Kinder die Baumflächen mit glitzernden kleinen Sternchen, aus Goldpapier (Alu-Bastelfolie) gestanzt. Auch Schneeflocken aus Wattebällchen dürfen nicht fehlen. Langsam entsteht so ein funkelnder Weihnachtswald.

Sternenbild

Material:

Großes Format dunkelblaues Tonpapier oder Moltontuch, Alu-Bastelfolie in verschiedenen Farben, Schere, Kleber

Auch eine einfarbig dunkle Grundfläche, beispielsweise ein großes blaues Moltontuch, lässt sich über den ganzen Adventszeitraum aufs Schönste verwandeln. Anfangs sieht man nur eine leere Fläche. Im Laufe der Zeit aber füllt sich dieser irritierend leere Raum mit all den Sternen und Engeln, die in der Bastelwerkstatt mit Schere und Kleber aus rot-, blau- und grünglänzender Alu-Bastelfolie hergestellt wurden. Hier „wächst" ein ganz besonderes Weihnachtsbild und manches Kind betrachtet immer wieder „seinen" Stern.

Großer Tannenbaum

Material:

Großer Bogen Packpapier, grüne Wasser- oder Fingerfarbe, Tonpapier in verschiedenen Farben, Kleber, Basteldraht

Ein raumhoher Tannenbaum – auf Packpapier mit grüner, gut deckender Farbe (gerne auch Fingerfarbe) mit den Kindern bemalt und nach dem Trocknen ausgeschnitten – wird im Laufe der Adventszeit mit Kerzen, Sternen und Äpfeln aus verschiedenfarbigem Tonpapier beklebt. Sieht man von hinten durch das Papier gesteckte kleine Drahtösen vor, kann der Baum auch behängt werden. Dies gibt dem Gesamtbild einen lebendigeren Charakter. Beide Befestigungsarten sind gut miteinander kombinierbar. Die stattliche Tanne entwickelt sich so langsam zum festlich geschmückten Weihnachtsbaum.

Bastelideen für die Kleinsten

In der Vorweihnachtszeit wird traditionell viel gewerkelt und gebastelt. Es gibt aber auch wirklich viel zu tun! Die Räume wollen geschmückt werden, nicht nur das Christkind, sondern auch Sankt Nikolaus benötigt Unterstützung und jedes Kind soll am Ende der Adventszeit eine gebastelte Kleinigkeit mit nach Hause nehmen. Die Auswahl der Gestaltungsideen orientiert sich in erster Linie an den Bedürfnissen und der Wahrnehmung der Kinder und erst in zweiter Linie am dekorativen Gewinn.

Praxis-Ideen

Mein erster Stern

Material:
Goldfolie , Schere, Bastelkleber
Vorbereitung:
Aus Goldpapier werden viele gleichschenklige Dreiecke in gleicher Größe ausgeschnitten (Seitenlänge ca. 10 cm).

Aus diesem Fundus wählt das Bastelkind je zwei Papiere aus. Diese Dreiecksflächen werden mit einem Tropfen Bastelkleber so aufeinander geklebt, dass jeweils die Spitzen des einen Papiers über die Seiten des anderen hinausragen. Rasch und „kleinkinderleicht“ entsteht ein einfacher, formschöner Stern.

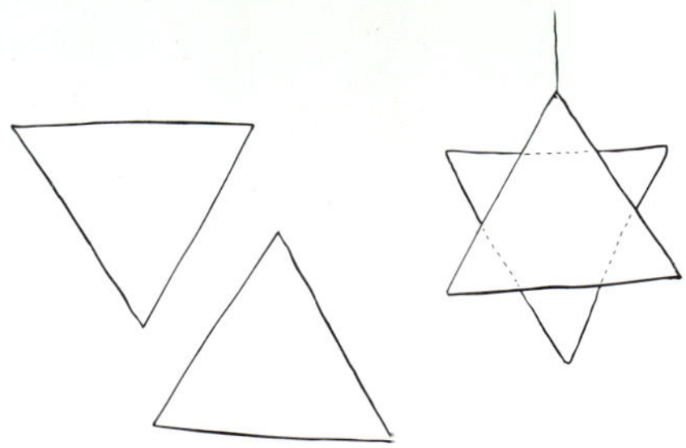

Gefalteter Stern

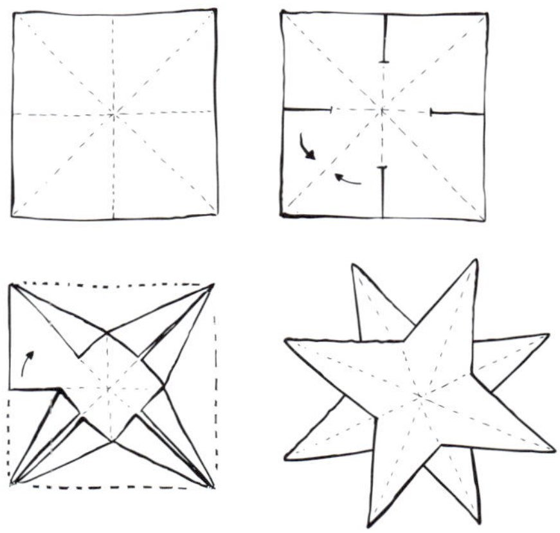

Material:

Goldfolie , Schere, Bastelkleber

Vorbereitung:

Grundform für den gefalteten Stern sind Quadrate aus Goldpapier in gleicher oder verschiedener Größe (Seitenlänge 12–15 cm).

Das Bastelkind wählt je zwei Papiere aus. Diese werden zweimal diagonal gefaltet, so dass am Ende ein Dreieck entsteht. Nun wird das entstandene Dreieck an seiner langen Seite bis zur Mitte hin eingeschnitten. Wieder aufgefaltet wird dann an allen vier Seiten das Papier von dem Schnitt hin zur Spitze, entlang der jeweiligen Faltkante eingeschlagen. So entsteht ein vierzackiger Stern, der mit einem zweiten Mitte auf Mitte zusammengeklebt wird. Fertig ist der (nun achtzackige) Stern. Reizvoll ist es, verschiedene Farben und Größen zu kombinieren.

Schmuckanhänger – dreidimensional und kinderleicht

Material:

Alu-Bastelfolie in verschiedenen Farben, Schere, Hefter, Bürolocher, Band zum Aufhängen

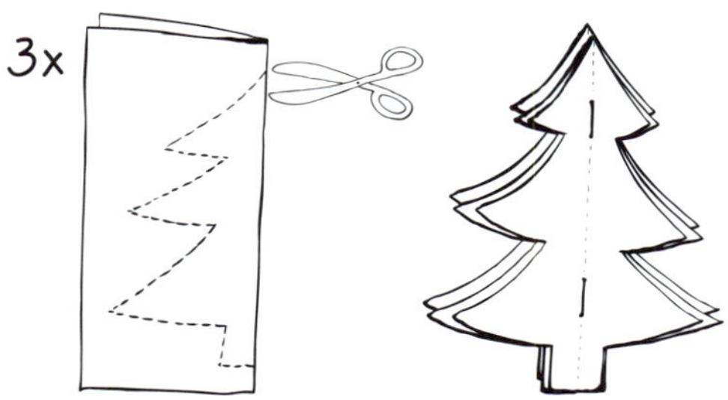

Für jedes Schmuckelement werden 3 Blättchen Alu-Bastelfolie in beliebiger Farbwahl (ca. DIN A6) übereinandergelegt und einmal der Länge nach in der Mitte gefaltet. Wir schneiden eine halbe Form aus (Kugel, Kerze, Glocke oder Bäumchen). Die Faltkante bildet dabei die Mitte und gewährleistet eine symmetrische Form. Nun werden alle Papiere gemeinsam aufgefaltet. Entlang der Mittellinie (Faltkante) werden mit einem größeren Bürohefter drei Heftklammern eingedrückt, um die einzelnen Papiere zusammenzuhalten. Am oberen Ende der Mittellinie wird mit dem Bürolocher *ein* Loch für den Aufhänger gestanzt.

Wir fächern nun die einzelnen Papiere rund um die Mitte auf und erhalten ein attraktives dreidimensionales Schmuckelement – fehlt nur noch ein Bändchen als Aufhänger.

Geschmückter Tannenbaum

Material:

Tonpapier in verschiedenen Grüntönen, Schere, Alu-Bastelfolie oder Glitzerstaub, Bastelkleber

Aus Tonpapier in verschiedenen Grüntönen werden Tannenbäume aufgezeichnet und zurechtgeschnitten. *Keine* Schablone verwenden, da dies immer genormt und damit eher langweilig wirkt. Jedes Bäumchen wird nun geschmückt: mit ausgestanzten Motiven, Schnipsel aus Alu-Bastelfolie oder Glitzerstaub auf Bastelkleber.

Variation:

Zwei Bäumchen werden in einer identischen Form ausgeschnitten (grünes Tonpapier und Alu-Bastelfolie übereinanderliegend). Aus dem Tonpapier werden weihnachtliche Motive gestanzt, mit der glänzenden Metallfolie hinterlegt und aufgeklebt.

Praxistipp:

Kleine Kinder hantieren am besten mit großen Motivstanzern, da sie mit der ganzen Handfläche drücken. Das Kind drückt dabei mit seinem ganzen Gewicht und arbeitet deshalb im Stehen. Ein kräftiger Druck unseres Daumens gibt die notwendige Hilfestellung. Nach *jedem* Stanzvorgang wird das Ergebnis betrachtet!

Holzperle mit Engelshaar

Material:

Holzperle bzw. -kugel (1,5 bis 2 cm Durchmesser), Bindedraht, gold- oder silberfarbene Plakatfarbe, Engelshaar bzw. Lametta, Geschenkband, Band zum Aufhängen

Durch eine Holzperle wird ein Stück Bindedraht gesteckt und an einem Ende mit einer kleinen Öse geschlossen. Während wir den Draht an beiden Ende halten, wird die Kugel von einem Kind mit gold- oder silberner Plakatfarbe bemalt. Nun wird ein Bündel gekräuseltes oder glattes Lametta mit dem unteren Ende des Drahts möglichst nah an der Kugel fest umwickelt. Ein passendes Geschenkband verdeckt und schmückt diese Verbindungsstelle. Nun noch ein Aufhängebändchen durch die Drahtöse geschlungen, und schon baumelt die kostbare Perle mit Engelshaar an einem Fenster oder Tannenzweig.

Vom Basteln mit Ein- bis Dreijährigen – Methodisches Vorgehen

Praktisches Arbeiten und Gestalten mit Ein- bis Dreijährigen ist eine ganz besondere Herausforderung. Gestaltungsideen, Angebote, Herstellungsdauer, verwendete Hilfsmittel und Werkzeuge müssen den Kindern genauso gemäß sein wie unsere Methodik. Nicht zu vergessen die Vermittlung von pfiffigen Ideen mit ansteckender Begeisterung.

In der Kürze liegt die Würze

Ein- bis Dreijährige haben eine relativ kurze Aufmerksamkeitsspanne von wenigen Minuten. Das rasch wechselnde, oft auch in kurzen Abständen wiederkehrende Interesse sind charakteristisch für die Altersstufe. Die Aufmerksamkeit wandert schnell von einem Thema, Gegenstand oder Spiel zum nächsten.

Begreifen wir dies nicht als Defizit, sondern als entwicklungsangemessen. Hier zeigt sich nicht „Flatterhaftigkeit“, sondern der viel beschworene kindliche Forschertrieb. Mit wachsender Reife steigert sich das kindliche Bedürfnis, länger bei einer Sache zu bleiben, zunächst aber ist alles neu und interessant und will immer wieder untersucht werden.

Ein- bis Dreijährige sind (noch) wunderbar unbestechlich und zwingen uns, mit unseren Spiel- und Beschäftigungsanreizen sehr genau auf sie einzugehen. Bei der Auswahl der Bastel- und Gestaltungsideen ist also die Arbeitsdauer immer eines der wichtigsten Kriterien. Zu empfehlen ist eine Spanne von 5 bis 10 Minuten. Auch kurze Zeit lässt sich kreativ, aber auch pädagogisch effektiv nutzen.

Die Aufmerksamkeit kleiner Kinder wandert rasch von einem Reiz zum nächsten und kehrt genauso unbefangen wieder zurück. Dies ist nicht als Konzentrationsschwäche zu begreifen, sondern schlicht als die altersspezifische „Arbeitsweise“ ein- bis dreijähriger Kinder!

Arbeiten „in einem Zug“ von Anfang bis Ende

Die einzelnen Arbeitschritte sollten „in einem Zug“ durchgeführt werden. Wir planen und strukturieren die Bastelei so, dass jedes Kind die Entstehung „seines“ Produkts von Anfang bis Ende durchführen und beobachten kann. Sind Pausen unvermeidlich, etwa bei Trocknungszeiten zwischen den einzelnen Arbeitsschritten, vermitteln wir den Kindern die Notwendigkeit der Unterbrechung. Wir beschriften die begonnene Bastelei mit dem Namen des Kindes und stellen sie kurz zur Seite. Möglichst zeitnah wird sie gemeinsam fertiggestellt. Die bisherigen Tätigkeiten werden dabei noch einmal mit dem Bastelkind

in Erinnerung gerufen. Wir motivieren die Kinder zusätzlich, wenn wir dabei unsere Anerkennung für die schöne „Arbeit" zeigen.

Unterbrechungen gehören dazu

Gerade im Alltag mit Ein- bis Dreijährigen sind unsere Aktivitäten von häufigen Unterbrechungen und Tätigkeitswechseln geprägt. Vielleicht muss ein Kind getröstet oder gewickelt, ein Kuscheltuch gesucht oder ein Bilderbuch „gerettet" werden. In der Kinderkrippe betrachten wir diese häufigen Wechsel nicht als Störungen, sondern als selbstverständlichen Teil der Charakteristik der Altersstufe eins bis drei. Auch die Bastelwerkstatt unterliegt natürlich diesem kleinkindtypischen „stop and go".

Nutzen wir eine einfache, aber wirksame Strukturhilfe: Alle benötigten Materialien und Werkzeuge werden zunächst auf einem Basteltablett oder in einem Körbchen gesammelt bereitgestellt. So kann bei beabsichtigten oder unbeabsichtigten Pausen die Tätigkeit spontan unterbrochen und das gesamte Material mit einem Griff außerhalb der kindlichen Reichweite gebracht werden. Die Kinder blieben sonst unbeaufsichtigt mit den begonnenen Basteleien und eventuell gefährlichem Material. Meist wird der Fortgang der Arbeit ja auch von hochinteressierten Zuschauern mitverfolgt. Das „Schauen mit den Augen" ist in diesem Alter noch sehr schwer. Vor allem Ein- bis Zweijährige müssen alles anfassen, um zu begreifen. Nur den kürzesten Augenblick allein gelassen, würde so manch halbfertiger Stern in Stücke gehen oder zerknüllt am Boden landen.

Erprobte Ideen – neu und immer wieder

Gute Vorbereitung und Planung sind beim Basteln mit Ein- bis Dreijährigen unabdingbar. Probieren wir jede Bastelidee zunächst vorher selbst aus. Es zeigt sich schnell, ob die Maßangaben stimmen, die Papierqualität passend und die Bastelei grundsätzlich leicht und flott zu bewerkstelligen ist. Die Kinder können diese Probearbeit gerne beobachten. Die kleinen Zuschauer erstaunen uns oft, wie genau sie jeden unserer Handgriffe aufnehmen, im Gedächtnis behalten und später beim eigenen Tun richtig abrufen und einsetzen können.

Ältere Kinder oder Erwachsene gehen mit der ganzen Summe ihrer Erfahrungen an eine Arbeit heran, während für kleine Kinder alles neu ist und so manches eine große feinmotorische Herausforderung darstellt. Je länger und aufmerksamer man mit Ein- bis Dreijährigen arbeitet, umso besser lernt man auch ihre praktischen Vorlieben, Fähigkeiten und Grenzen kennen.

Um spätere Enttäuschungen am Basteltisch zu vermeiden, fertigen wir also zusammen mit einem dreijährigen Kind aus der Gruppe sozusagen einen *Prototyp* unter realistischen Bedingungen, bevor wir „in Serie gehen". Oft erweisen sich die Tücken der Gestaltungsidee erst im praktischen Tun. Kleine Schwierigkeiten werden zusammen mit dem Bastelkind gelöst. Grundsätzlich jedoch sollte keine Arbeit scheitern und abgebrochen werden müssen. Wir wollen die Kinder nicht enttäuschen. Nach einem Erfolg am Basteltisch werden sie das nächste Mal umso begeisterter mitmachen.

Erlernen und Erleben elementarer Handlungsabläufe geht vor Originalität
Erprobte und von den Kindern gut angenommene Ideen können selbstverständlich immer wieder verwendet werden, vielleicht im zweijährigen Turnus. Nicht Originalität und ein möglichst großes Repertoire prägen das gemeinsame Basteln mit Ein- bis Dreijährigen. Neben dem Spaß an der Sache geht es vielmehr um den Umgang mit Material und Werkzeugen, der Herstellung von Grundformen sowie um das kindliche Erlernen und Erleben elementarer Handlungsabläufe. Oftmalige Wiederholungen entsprechen dem natürlichen kindlichen Lernverhalten.

Innere Beteiligung

Für alle Kinder, und ganz besonders für Ein- bis Dreijährige, ist entscheidend, den ganzen Entstehungsprozess ihrer kleinen Bastelarbeit mitzuvollziehen. Sie stehen am Beginn ihrer „Bastelkarriere". Positive, erfüllende Erfahrungen rund um Papier, Schere und Kleber werden sie prägen und noch lange begleiten.

Ganz praktisch heißt das etwa, *keine* halbfertigen Bastelformate vorzubereiten, die nur noch von den Kindern zusammengesetzt werden müssen. Frei oder anhand von Schablonen schneiden wir für jedes Kind und mit jedem Kind die Formate für Sterne, Bäumchen usw. am Basteltisch aus. Jedes Kind sollte beobachtend und mitwirkend den gesamten Arbeitsablauf wahrnehmen dürfen. So entsteht „Selbstgebasteltes", auch ohne dass jeder Handgriff vom Kind selbst bzw. alleine ausgeführt wurde. Wesentlich ist die wirkliche Beteiligung der Kinder und ihre innere Verbindung zur eigenen Bastelei.

Selbermachen!

Betrachten wir einmal eine Bastelarbeit, etwa die Erstellung eines gefalteten Sterns, aus der Nähe und gleichsam in „Zeitlupe". So viele kleine Arbeitsschritte, jeder aus sich heraus für das Kind bedeutsam: Farben auswählen, mit dem Finger über die gefaltete Kanten streichen, das gefaltete Format vorsichtig wieder öffnen, einen kleinen (gelenkten) Schnitt mit der Bastelschere ausführen, einen Tupfer Bastelkleber auf einen Stern aufbringen und einen zweiten gefalteten Stern aufkleben. Auch ein Stück Blumendraht kann ein kleines Kind schon mit einer Zange unter Aufsicht und Mithilfe eines Erwachsenen abzwicken und durch ein eigenhändig mit dem Bürolocher gestanztes Loch im Glanzpapier stecken. ... eine Menge zu tun! Die so erfahrene Selbstwirksamkeit fördert die Motivation der Kinder, ihre Freude am Tun und stärkt das kindliche Selbstbewusstsein.

Neben den einzelnen Tätigkeiten wird im langsamen, folgerichtigen Tun für die Kinder auch der Zusammenhang und die Abfolge der Bastelarbeit erfahrbar. So unterstützen wir das Verständnis für Arbeits- und Entstehungsabläufe. All die kleinen Arbeitsschritte reihen sich mit einer inneren Logik aneinander und lassen etwas ganz Neues entstehen.

In der Bastelwerkstatt gilt unsere Aufmerksamkeit und Hingabe nicht dem perfekten Ergebnis, sondern der Beteiligung der Kinder. Schauen WIR genau hin, was SIE alles schon selbst machen können!

Ein- bis Dreijährige lieben es, zu basteln und machen am Basteltisch ganz elementare Erfahrungen: Es entsteht etwas. Wie entsteht etwas? Vor allem aber: „Ich kann etwas!“

Erfahrungen im Umgang mit Material und Werkzeug

Auch den Umgang mit Material und Werkzeug probieren Kinder am liebsten selber aus. Liegen gut schneidende Kinderscheren und etwas stärkeres Papier bereit, experimentieren die Kinder gern und ausdauernd. Wir können uns nur immer wieder amüsiert wundern, wie kreativ Kinder sich dem faszinierenden Werkzeug „Schere“ nähern. Weder muss ein Krippenkind die Schere „vorschriftsmäßig“ in die Hand nehmen, noch gezielte Schnitte ausführen. Warum nicht mit beiden Händen arbeiten? Warum nicht mit der Schere reißen, anstatt zu schneiden? Beherrschen wir unseren pädagogischen Eifer. Lassen wir den Kindern Zeit für ihre Experimentierfreude, Zeit für eigene Entdeckungen!

Nicht vergessen: Die Signatur auf dem Werkstück

Wichtig ist für Kinder in diesem Zusammenhang immer, ihren Namen auf ihr „Produkt“ zu schreiben. Diese Signatur ist der unverzichtbare und abschließende Arbeitsschritt und wird stets im Beisein der Kinder ausgeführt. Die Schrift darf groß und gut sichtbar sein. Der geschriebene Name ist schon für kleine Kinder ein wertvoller Teil ihres Ichs. Hier drückt sich Wertschätzung für das Kind und sein Tun auf ganz selbstverständliche Weise aus. Überdies festigt sich die Verbindung zur eigenen Bastelei. Oft zeigen die Kinder stolz auf ihr Produkt und erkennen es erstaunlich gut wieder. Die eigene Arbeit gut aufgehoben zwischen all den anderen der Gruppe zu wissen, stärkt das soziale Gefühl der Kinder und macht sie stolz.

Die namentliche Signatur einer Bastelei drückt die Verbindung zwischen dem Kind und dem Ergebnis seines praktischen Tuns aus, fördert das Ich-Gefühl des Kindes sowie sein soziales Eingebundensein in die Gruppe.

Die Rolle der Erzieherin – Helferin und Akteurin

Notwendige Hilfe und eine Mitwirkung der Erwachsenen schmälert nicht den Charakter des Selbstgebastelten, sofern wir aufrichtig mit den Kindern umgehen und sie auch ihre eigenen Vorstellungen verwirklichen lassen. Akzeptieren wir etwa eine vom Kind gewählte Farbkombination, obwohl sie uns vielleicht nicht ganz zusagt? „Nimm doch das schöne blaue Papier" liegt uns vielleicht auf der Zunge, weil blau eben noch im Farbspektrum der Gesamtgestaltung fehlt. Lassen wir das Kind lieber tatsächlich frei wählen!

Kinder verlieren am praktischen Tun schnell das Interesse, wenn sie nur als „Statisten" am Basteltisch sitzen, sich nicht nach ihren Fähigkeiten wenigstens in Maßen beteiligen können und die Erzieherin an ihrer Stelle tätig wird. Abgesehen von hübschen Dekorationselementen würde dies kaum etwas bringen – am wenigsten dem Kind. Da ist es ehrlicher, bei Bedarf komplizierte Arbeitsschritte oder eine für die Altersstufe noch nicht geeignete Arbeit tatsächlich und offen komplett als Erzieherin selbst anzufertigen. Ein paar Kinder schauen immer wieder interessiert in der Bastelwerkstatt vorbei oder bleiben aufmerksam während des ganzen Prozesses hindurch beobachtend bei der Sache. Jeder Handgriff wird sprachlich begleitet. Die Kinder nehmen das Geschehen damit nicht nur in visueller Weise wahr. Ein vielfältiges Bild von praktischem Tun entsteht.

Fertigen wir etwa einen großen Engel aus Goldpapier, liegen auch für die Kinder das dafür benötigte Material in verschiedenen Farben sowie Scheren und Stifte am Arbeitsplatz bereit. Einige „basteln" nun ganz für sich, ohne Anleitung, dafür aber geleitet vom natürlichen kindlichen Nachahmungstrieb. Wir sparen dabei nicht mit Ermunterung und Lob für ihre fleißige Arbeit und kleben all die kleinen farbigen Schnipsel später gemeinsam auf einen Bogen Tonpapier.

Die Weihnachtsbotschaft und Bildergeschichten für die Weihnachtszeit

Erste Begegnung mit der Weihnachtsgeschichte

Zwischen all den Sternen, Plätzchen und weihnachtlichen Melodien sollte der Ursprung des ganzen wunderbaren Zaubers im Advent nicht übersehen werden: Jesu Geburt vor mehr als zweitausend Jahren.

Religiöse Dimension und Vermittlung

Im Kern ist die Geschichte um die Geburt Jesu ein ganz einfaches Geschehen: Die Herbergssuche von Maria und Josef, ihre Einkehr im Stall bei den Tieren, das Auf-die-Welt-Kommen des Jesuskindes, das Erscheinen eines besonderen Sterns über dem Stall.

Für Ein- bis Dreijährige geht es also um „Mama, Papa, Kind und Haus" – die wesentlichen Koordinaten des kleinkindlichen Lebens. Der Erzählinhalt hat ganz unmittelbar mit der Lebenswirklichkeit der Kinder zu tun und kann von daher altersgemäß recht gut vermittelt werden.

Die religiöse Dimension wird repräsentiert vom Stern über dem Stall. Er kündet von dem außergewöhnlichen Ereignis, das die Herzen und das Leben der Menschen, die es wahrnehmen, verändern wird. Dies lassen wir in ganz einfachen Worten in unsere Erzählung und Darstellung einfließen.

Hirten und Könige sind ebenso Teil des Geschehens im Stall zu Bethlehem, weisen darüber hinaus und deuten bereits die nachfolgende Wahrnehmung und Bedeutung von Jesu Geburt an. Kleine Kinder kennen weder Hirte noch König, noch das gesellschaftliche und soziale Gefälle zwischen den beiden Ständen. Auch die bildhafte Differenzierung zwischen den nahe gelegenen Feldern und der Ferne des „Morgenlands" ist für unsere Kinder noch nicht von Bedeutung. Für sie kann es nur um das innere Geschehen gehen, in räumlicher und inhaltlicher Hinsicht. Wir bleiben mit unserer Darstellung *im* Stall und damit *im* Kern der Geschichte.

Durch Erzählung und Bebilderung bringen wir die elementare Weihnachtsgeschichte, aber auch ihre religiöse Dimension in kindverständlicher Weise ins Bewusstsein unserer kleinen Zuhörer.

Praxis-Ideen

Die Weihnachtslegende – ganz einfach erzählt

Maria und Josef sind schon einen weiten, weiten Weg gegangen. Maria war sehr müde, denn sie hatte ein Kindlein in ihrem Bauch. Sie kamen an ein Haus und klopften an die Tür. Josef fragte, ob sie hier schlafen könnten. „Meine Frau ist sehr müde." Aber das Haus war voll und sie fanden dort keinen Platz. Da gingen Josef und Maria weiter und klopften beim nächsten Haus. Auch hier war kein Platz für sie, im Stall aber bei den Tieren konnten sie bleiben. Maria war sehr froh, denn endlich konnte sie sich hinlegen und ein wenig ausruhen.

In dieser Nacht kam das Kindlein auf die Welt. Maria und Josef legten es auf Heu und Stroh und nannten es Jesus. Über dem Stall erschien ein großer, leuchtender Stern, denn das Kind in dem Stall war ein ganz besonderes Kind. Es war das Christkind. Die Menschen draußen sahen den Stern am Himmel. Sie kamen zum Stall, um das neugeborene Kind zu sehen und brachten ihm Geschenke.

Das Jesuskind hat an Weihnachten Geburtstag. Überall wird deshalb Weihnachten mit vielen Kerzen, schönen Liedern und Geschenken für die Kinder gefeiert. Auch wir freuen uns schon auf Weihnachten.

Obgleich wir die Weihnachtslegende sehr reduziert erzählen, muss die Geschichte dennoch „wahr" sein. Bildet sie doch die Basis für spätere Ausschmückungen und genauere Details, ebenso für vertiefende religiöse Interpretation.
Die Weihnachtslegende wird im Laufe der Zeit genauso wachsen wie das Verständnis der Kinder und die Erweiterung und Differenzierung des kindlichen Weltbilds.

Fingerspiel „Vom Kindlein im Stall“

Ein- bis Dreijährige lieben die gebundene Form. Ein kleines Fingerspiel kann die Weihnachtslegende sehr gut vermitteln. Sitzen die Kinder im Kreis und sind durch ein hübsches Weihnachtslied eingestimmt und konzentriert, tragen wir die gereimten Zeilen einfühlsam und mit rhythmischem Sprachgefühl vor. Die Kinder sind mit großer Aufmerksamkeit und Empathie beteiligt. Begleiten wir den Text mit den immer gleichen sprechenden Gesten, wird die Wirkung wird umso intensiver sein.

Maria und Josef, sie gehen so weit,	*Hand weist im Halbkreis in den Raum.*
sie suchen ein Haus,	*Hände formen ein Dach.*
ein Bettchen so weich.	*Hände an die Wange gelegt.*
Hier ist kein Platz	*Fragende, suchende Geste nach links*
und dort ist kein Platz.	*und nach rechts.*
Die Tiere im Stall aber sagen:	
Kommt nur herein,	*Liebevoll zu sich herwinken,*
hier soll euer Bettchen sein.	*Hände an die Wange gelegt,*
Ochs und Esel sagen gute Nacht,	*Geste halten*
Maria ist müde und Josef bleibt wach.	*und schließlich lösen.*
Im Stall, in dieser Nacht	
kommt ein Kind auf die Welt.	*Wiegende Arme vor der Brust,*
Aus Heu und aus Stroh ist sein warmes Bett	*ein Arm hält weiter das Kind,*
und über dem Stall steht ein heller Stern.	*die andere Hand steigt mit gespreizten Fingern darüber.*
Wir alle, du und du und du	*Hand beschreibt einen Kreis, deutet auf die einzelnen Kinder.*
haben das Kindlein so gern.	*Abschließend wieder wiegende Arme.*

Monika Lehner

Advent und Weihnachten im Bilderbuch

Jedes Jahr kommen neue, mehr oder minder qualitätsvolle, illustrierte Bücher auf den Markt. Widmen sich die einen der Visualisierung und Vermittlung der Weihnachtslegende, zeigen und begleiten die anderen das eigene Erleben der Kinder in der Weihnachtszeit, oft auch stellvertretend ins Tierreich verlegt. Der Markt der originellen Ideen und ihrer Umsetzung in Bilder scheint fast ausgeschöpft. Doch sind im Bilderbuchsektor die Ein- bis Dreijährigen selten die Adressaten der Verlagsangebote. Dabei ist das Anliegen an ein Bilderbuch für Ein- bis Dreijährige eigentlich ganz schlicht: nah an der kleinkindlichen Erlebniswelt sowie ihrer Begrifflichkeit, frei von Ironie und Doppelbödigkeit, *eine* klare Handlungs- und Erzählebene, klare, deutliche Bilder und als Zugabe geschmackvolle, kitschfreie Gestaltung. Liest man diesen Forderungskatalog, scheint ein passendes Bilderbuch für kleine Kinder wohl doch keine ganz leichte Übung zu sein. Scheuen wir uns nicht, passende Teile aus Büchern zu verwenden und irritierende, Angst fördernde oder überfordernde Teile zu überspringen.

Es findet sich aber doch auch immer wieder ein für die Altersstufe passendes Buch. Da lohnt sich das Suchen und Stöbern – auch im Antiquariat. Sind wir glücklicher Entdecker und Besitzer eines für die Altersstufe stimmigen Buches, hüten wir es wie einen Schatz. Gute Bücher kommen immer wieder zum Einsatz, vermitteln den Kindern „Weihnachtswissen“ oder spiegeln ihr eigenes Erleben im Advent.

Praxis-Ideen

Weihnachten im Stall

„Weihnachten im Stall“ – ein Klassiker von Astrid Lindgren ist so ein Schatz. Vielleicht findet sich in den Beständen der Kita die inzwischen leider vergriffene Ausgabe von 1961. Aber auch in der aktuellen Version, sorgfältig und liebevoll illustriert von Lars Klinting (Oetinger, Hamburg 2003), ist dieses Bilderbuch schon für Ein- bis Dreijährige geeignet. Es kann die Kinder mit seinem stimmigen Inhalt und den ruhigen, klaren Bildern noch lange begleiten. Selbst im Erwachsenenalter berührt dieses schöne Bilderbuch immer wieder neu.

Erzählen wir den Inhalt in für die Kinder verständlichen Worten. In der Geschichte wird die Einkehr im Stall nicht als ärmlich und unangemessen gezeichnet. Im Gegenteil, die Unterbringung bei den Tieren erscheint als Bereicherung. Die Tiere schenken Maria Wärme, Nahrung und Sicherheit. Wie der Klappentext des Buches richtig vermerkt, erzählt Astrid Lindgren „die Weihnachtsgeschichte auf uralte und doch neue, zeitlose Weise".

Am Anfang des Buches nimmt die Mutter das Mädchen liebevoll auf den Schoß und erzählt ihm in der Geborgenheit ihrer heimeligen Wohnstube den Hergang von Jesu Geburt. Diese Rahmengeschichte des Buches überspringen wir und beschränken uns auf den Hauptteil, der das Geschehen um Maria und Josef wunderbar schlicht und eindringlich wiedergibt. So präsentieren wir unseren Kindern lediglich *eine* Handlungs- und Erzählebene, denn eine Geschichte in der Geschichte würde die Ein- bis Dreijährigen unnötig ablenken und überfordern. Wir greifen die Rahmenidee des Buches dennoch auf und verlegen sie quasi in die Wirklichkeit. Wir schaffen also einen geborgenen und anheimelnden Rahmen und nehmen die Kinder gleichsam „auf den Schoß", um ihnen die Geschichte von Maria und Josef und dem Jesuskind nahezubringen – einfühlsam, aber nicht sentimental.

Weitere für Krippenkinder geeignete Weihnachtsbücher

„Jesus ist geboren" von Sebastian Tonner (Text) und Johanna Ignjatovic (Illustrationen), Verlag Ernst Kaufmann, Lahr 2010
„Wir feiern Weihnachten" von Sebastian Tonner (Text) und Johanna Ignjatovic (Illustrationen), Verlag Ernst Kaufmann, Lahr 2007
„Die Weihnachtsgeschichte" von Giorgia/Renate Seelig (Illustrationen), F.X. Schmid GmbH, Bernau 2009

Kamishibai – Das Erzähltheater

Mit dem Kamishibai, ein ursprünglich aus Japan stammendes Tisch- oder Erzähltheater, können wir den Kleinkindern großformatige Bildfolgen präsentieren und dazu die Geschichte frei erzählen. Wird die immer ein wenig geheimnisvolle Holzkiste des Kamishibai (Bezug: www.donbosco-medien.de) hervorgeholt, sind die Kinder mit großer Freude dabei. Welche Geschichte, welche Bilder verbergen sich wohl hinter den noch geschlossenen Türen? Mit einem kleinen Reim holen wir alle Kinder in die Situation und fassen das kleine Erzählritual rund um das Kamishibai.

Praxis-Ideen

Unser Kamishibai öffnet sich

Liebe Kinder, kommt herbei,
wir öffnen das Kamishibai.

Die Türen sind zu.
Bald gehen sie auf,
alle warten schon darauf.

Da sind ja die Kinder! Juhei!
Wir öffnen das Kamishibai.

Nach der Präsentation der Bildkarten

Die Türen schließen.
Es ist vorbei.
Auf Wiedersehen, Kamishibai!

Monika Lehner

Advent und Weihnachten feiern mit Emma und Paul

Im Bildkartenset „Advent und Weihnachten feiern mit Emma und Paul“ (Don Bosco, München 2011) begleiten *Emma und Paul* die Kinder durch den Winter und die besinnlichen und anregend-spannenden vier Wochen des Advents mit all seinen vorweihnachtlichen Aktivitäten. Das Warten aufs Christkind, die Wünsche der Kinder, der Weihnachtsabend mit seiner innigen Stimmung und das erfüllte Glück der Kinder sind ebenso Gegenstand der Bildkarten wie Sachwissen und -begriffe rund um die Bräuche und Rituale im Advent und zu Weihnachten.

Zum Umgang mit dem Erzähltheater – Didaktische Hinweise für die Krippe
Holen wir das Kamishibai hervor, lassen sich die Kinder nicht lange bitten, sammeln sich im Bodenkreis und warten gespannt, dass sich die Türen öffnen. Eine Erzieherin sitzt auf einem Hocker leicht erhöht im Kreis, hält das Kamishibai auf dem Schoß und präsentiert es langsam und mit ein wenig Spannung dem erwartungsfrohen Publikum. Eine Kollegin sitzt mit im Kreis bei den Kindern. Sie kann die Einjährigen zu sich nehmen und in der Gruppe hier und da ein wenig strukturierend wirken. Der Text wird von der Erzieherin parallel zum Bildkartenwechsel frei vorgetragen. Dabei kann erzählerisch improvisiert und ausgeschmückt werden. Ist man im Team gut eingespielt, kann eine Kollegin die Bildkarten präsentieren, während die andere vorliest oder erzählt. Vielleicht schließen und öffnen sich die Türen des Erzähltheaters auch während der „Vorstellung“ – notwendige Unterbrechungen oder dynamische Elemente der Erzählung können so wunderbar eingebaut werden.

Nachdem alle Bildkarten betrachtet sind, erscheint abermals der rote Vorhang. Während sich die Türen des Erzähltheaters langsam schließen, verabschieden die Kinder fröhlich winkend das kleine Theater. Die letzten Zeilen unseres Reims beenden den „Theaterbesuch“.

Einsatz des Erzähltheaters
Öffnen wir das Kamishibai in der Adventszeit, aber auch zur Nachbereitung des Weihnachtsfestes, und öffnen wir es immer wieder! Die Kinder finden ihr eigenes Erleben gespiegelt und vertiefen so ihre Eindrücke und Erinnerungen. Die Geschichte im Erzähltheater bleibt ganz nah an der Erfahrungswelt der Ein- bis Dreijährigen, lässt sich jedoch auch für andere Altersstufen gut nutzen. Die Bildkarten werden je nach Bedarf gezeigt oder übersprungen, auch eine Erweiterung der „Vorführung“ nach und nach bietet sich an und ist in der Praxis leicht durchführbar – eine der Stärken des Erzähltheaters.

Jesus wird geboren

Im Bildkartenset „Jesus wird geboren“ (Don Bosco, München 2010) wird in ruhigen Bildern die Geschichte von Maria und Josef erzählt, ihre Herbergssuche, ihre Einkehr im Stall zu Bethlehem und Jesu Geburt im Stroh zwischen Ochs und Esel.

Der Weihnachtsstern über dem Stall kündet den Hirten von der Geburt des Kindes. Die Illustrationen, aber auch die vorgeschlagenen Erzähltexte bleiben nah am elementaren Geschehen und vermitteln auch schon kleinen Kindern die Weihnachtsgeschichte auf schlichte und doch bezaubernde Weise.

Singen und Spielen im Advent

Singen und musizieren mit den Kleinsten

Was wäre die Advents- und Weihnachtszeit ohne ihre Lieder? Es gibt eine ganze Fülle von traditionellen Liedern zum Weihnachtsfest. Für die Ein- bis Dreijährigen wählen wir einfache, eingängige Melodien und Texte, die dem Wortverständnis der Kinder weitgehend entsprechen. Es gibt kleinkindgerecht gestaltete Liederbücher (z.B. „Ihr Kinderlein, kommet. Erste Weihnachtslieder, Regine Altegoer, Ravensburger, 2001; „Meine liebsten Weihnachtslieder", Regine Altegoer, Ravensburger, 6. Aufl. 2010), die ausschließlich Advents- und Weihnachtslieder enthalten. Die besondere Zeit wird so durch ein besonderes Liederbuch repräsentiert. Es ist immer wieder erstaunlich, wie genau Kinder die gestalteten Seiten mit den jeweiligen Liedtexten verknüpfen. Natürlich gehören in diese Phase auch traditionelle Winterlieder. So kann gemeinsam mit den Kindern der ersehnte Schnee mit einem beherzten „Schneeflöckchen, Weißröckchen" herbeigesungen werden.

Musik, mit Instrumenten selbst gemacht

Wenn möglich spielen wir den Kindern die Melodien auf einem Instrument vor, sowohl mit als auch ohne Gesang. Die Kinder sind fasziniert von „handgemachter" Musik. Sie fassen die Lieder sehr schnell auf und lernen auf diese Weise auch die reine Melodie erkennen. Ein kleines musikalisches Ratespiel lässt sich vor so manches Lied setzen.

Praxis-Idee

Kennst du die Melodie?

Wir spielen eine Tonfolge auf der Flöte vor und lassen die Kinder raten, um welches Lied es sich handeln könnte. Vielleicht erkennen sie das Lied sofort und fallen spontan mit ein. Auf spielerische Weise fördern wir damit die Aufmerksamkeit und schulen das musikalische Gehör und Gedächtnis der Kinder.

Selbst gesungene und musizierte Lieder sind für die Kinder ein weit größerer Gewinn als vom CD-Player abgespielte Weihnachtslieder. Tonträger reihen ein Lied an das nächste. Von einer solchen Dauerberieselung ist abzuraten, diese Fülle würde die kleinen Kinder deutlich überfordern. Wenn schon Musik „aus der Konserve“, dann keine Liedfolge, sondern *ein* sorgfältig gewähltes Lied, wiederholt abgespielt – wohldosiert und stets in der begleiteten Situation. Den Vorzug geben wir in der Altersstufe eins bis drei jedoch in jedem Fall dem authentischen Kindergesang.

Die innere Verbindung zum Liedgut wird am besten durch eigenes, unmittelbares Singen tief und nachhaltig geknüpft. Das natürliche musikalische Gespür der Kinder wird angesprochen. Die Freude am Singen und Musizieren wird geweckt und genährt.

Lieder rund um den Adventskranz

Für das tägliche kleine Adventsritual in der Krippe wählen wir ein kurzes Lied, das die wachsende Zahl der brennenden Kerzen auf unserem Adventskranz aufgreift. Die kleinen Melodien, ob besinnlich oder fröhlich gestimmt, „zählen“ sozusagen mit und tragen uns so durch die lange Vorbereitungszeit des Advents.

Praxis-Ideen

Wir sagen euch an den lieben Advent

Das bekannte, besinnliche Kirchenlied „Wir sagen euch an den lieben Advent“ (Originaltext: Maria Ferschl, Musik: Heinrich Rohr, *Gotteslob Nr. 115)* eignet sich in gekürzter und leicht abgewandelter Form sehr gut für die Altersstufe.

Wir sagen euch an den lieben Advent,
sehet die erste Kerze brennt (zweite, dritte, vierte Kerze)
Freut euch ihr Kinder,
macht euch bereit!
’s Christkind ist nicht mehr weit (Weihnacht’ ist nicht mehr weit).

Am Tannenkranze

Melodie und Text: überliefert
Bearbeitung: Monika Lehner

... die zweite (dritte, vierte) Kerze leuchtet weit ...

... das kennt jedes Kind!

Eine ganze Reihe von klassischen Weihnachtsliedern sind sichere Erfolge bei Ein- bis Dreijährigen. Einfach deshalb, weil Text und Melodik altersgemäß zu den Kindern passen. Oft werden die Lieder lautmalerisch nachempfunden oder die Kinder lassen die Lieder in einzelnen Teilen anklingen. Manchmal summen sie auch selbstvergessen kleine Melodiefetzen vor sich hin. Eltern, Geschwister oder wir vom Team – wer immer zuhört, stimmt gerne mit ein. Die allgemeine Kenntnis unserer Lieder kann nicht vorausgesetzt werden. Ein Liederzettel für zu Hause leistet hier willkommene Hilfestellung – immer eine schöne Bereicherung im Zusammenwirken von Kita und Familie.

Praxis-Ideen

Kling, Glöckchen, klingelingeling

Kling, Glöckchen, klingelingeling,
kling, Glöckchen, kling.
Lasst mich ein, ihr Kinder,
’s ist so kalt der Winter;
öffnet mir die Türen,
lasst mich nicht erfrieren!
Kling, Glöckchen, klingelingeling,
kling, Glöckchen, kling.

überliefert

Es genügt, wenn wir mit den Kindern die erste Strophe singen und eventuell dabei die erste und letzte Liedzeile wiederholen.

O Tannenbaum

O Tannenbaum, o Tannenbaum,
Wie grün sind deine Blätter!
Du grünst nicht nur zur Sommerzeit,
nein, auch im Winter wenn es schneit.
O Tannenbaum, o Tannenbaum,
wie grün sind deine Blätter!

überliefert

Ihr Kinderlein kommet

Ihr Kinderlein kommet, o kommet doch all,
zur Krippe her kommet, in Bethlehems Stall,
und seht, was in dieser hochheiligen Nacht
der Vater im Himmel für Freude uns macht.

O seht in der Krippe im nächtlichen Stall,
seht hier bei des Lichtleins hellglänzendem Strahl
in reinlichen Windeln das himmlische Kind,
viel schöner und holder, als Engel es sind.

Da liegt es, das Kindlein, auf Heu und auf Stroh;
Maria und Joseph betrachten es froh.
Die redlichen Hirten knien betend davor,
hoch oben schwebt jubelnd der Engelein Chor.

überliefert

Mit den Kindern zusammen singen wir nur die erste Strophe, alle drei Strophen können wir vorsingen, während wir unsere kleine Weihnachtskrippe aufbauen und betrachten (···› Seite 43ff).

Alle Jahre wieder

Alle Jahre wieder
kommt das Christuskind
auf die Erde nieder,
wo wir Menschen sind.

Kehrt mit seinem Segen
ein in jedes Haus,
geht auf allen Wegen
mit uns ein und aus.

Melodie: überliefert; Text: Wilhelm Hey

Empfehlenswert ist es mit, den Kindern zusammen die erste und zweite und dann erneut die erste Strophe zu singen (1-2-1).

Zuhören hat eine eigene Qualität

Nicht jedes Lied muss zwingend mit den Kindern eingeübt werden. Zuhören hat eine eigene Qualität. Das Lauschen einer neuen Melodie, die Begegnung mit unbekannten, vielleicht geheimnisvollen Worten ist für Kinder faszinierend. Aufmerksamkeit und Musikalität werden angesprochen. So manches Lied weist dabei über sich hinaus. Unbekanntes mag irritierend wirken, signalisiert stets aber auch: Es gibt noch viel zu entdecken, noch viel zu verstehen!

Spiele im Advent – besinnlich und froh

Das Spiel ist das natürliche Element der kindlichen Lebensform. Nicht alles ist Spiel – aber alles hat für Kinder eben auch spielerische Anteile. Indem wir den Kindern neben all den weihnachtlichen Ritualen und Liedern immer wieder auch thematisch passende Spiele anbieten, vermitteln wir die Atmosphäre und Inhalte der Adventszeit ganzheitlich. Ob besinnlich meditativ oder bewegungsorientiert, die Kinder erleben diese stimmungsvolle und hochemotionale Zeit mit all ihren Sinnen, gerade auch im gemeinsamen Spiel.

Praxis-Ideen

Kerzenmeditation

Die Kinder sind durch das tägliche Entzünden der Adventskerzen bereits mit dem Phänomen Kerze und Flamme vertraut. Wir bieten der Gruppe eine ruhige, besinnliche „Meditation“ an, in deren Mittelpunkt eine natürlich leuchtende Flamme steht.

Wir treffen uns im Kreise, der Raum wird leicht abgedunkelt, eine große Kerze wird in die Mitte gestellt. Sind die Kinder ein wenig ruhig geworden, entzündet die Erzieherin den Docht. Wir betrachten die Flamme und beginnen einen Singsang. Ein leiser, monotoner Schlag auf der Handtrommel oder ruhiges Klatschen in die Hände begleitet die stetig wiederholten, abwechselnd vorgetragenen Worte.

Kerzenlicht
– hell und warm –
Kerzenlicht
– hell und warm –

Die Tonstärke wird leiser bis zum Flüsterton und kehrt wieder zur normalen Sprechlautstärke zurück. Unterstützend kann jedes Kind reihum bei einer Reimfolge sanft berührt werden.

Zum Abschluss wird der Singsang immer leiser, bis schließlich nichts mehr zu hören ist. Nun pusten alle Kinder gemeinsam zur Kerzenflamme. Das Licht verlischt. Die Kinder spüren noch kurz in die Dunkelheit nach, bevor unsere kleine Meditation im hellen Tageslicht ihr natürliches Ende findet.

Mein Licht so klein

Lieber kleiner Kerzenschein,
du bist heut mein Licht so klein.
Jetzt geh ich nach Haus
und – puste dich aus!

Monika Lehner

Rund um diesen einfachen Vierzeiler entsteht ein lustiges Spiel, an dem Kinder immer wieder ihren Spaß haben. Steht doch für jeden Mitspieler eine schöne Attraktion in Aussicht: ganz alleine eine Kerze auspusten! Ein wenig gespanntes Bangen kommt so auch mit ins Spiel: „Wann komme ich wohl an die Reihe?“

In der Mitte des Bodenkreises steht ein Hocker, bedeckt mit einem schönen Tuch. Wir stellen eine standfeste Kerze darauf. Eine Streichholzschachtel samt Schälchen für die abgebrannten Hölzchen liegen ebenfalls bereit.

Nachdem der Docht entzündet wurde, tritt ein Kind aus der Runde zum „Kerzentisch“. Alle sprechen gemeinsam das Sprüchlein. Bei der letzten Zeile wird sich das Kind nicht lange bitten lassen. Die Flamme wird mit großem Stolz ausgepustet. (Vielleicht ist hie und da diskrete Hilfestellung nötig.) Nach erfolgreicher Tat und dem verdienten Applaus kehrt das Kind an seinen Platz zurück. Die Kerze wird erneut entzündet und die Kinder kommen einzeln an die Reihe, reihum oder in loser Folge. Dabei kann es schon vorkommen, dass das eine oder andere Kind dem großen Reiz erliegt und die Flamme sofort ausbläst. Nicht schlimm – so ist das eben bei kleinen Kindern und es sind genug Streichhölzer da!

Kerzenflammentanz

Die Kinder versammeln sich im Bodenkreis. In der Mitte entzünden wir eine schöne Kerze, reichen uns die Hände und sprechen unser Adventssprüchlein. Gemeinsam wird nun mit „viel Wind“ die Flamme ausgepustet. Eine Kollegin stellt die Kerze zur Seite.

Nun werden wir und die Kinder unsererseits zu Kerzenflammen. Wir stehen langsam auf, wachsen immer größer, nehmen die Arme nach oben und die aneinander gelegten Handflächen empfinden die Flammenform nach. Da kommt schon wieder Wind auf und pustet alle Flämmchen aus. Alle gehen wieder zu Boden, um dort ein wenig zu kauern und zu rasten. Dies wird einige Male mit der gebotenen Dynamik und Dramatik wiederholt.

Wieder am Boden und ganz klein können nun die Kinder einzeln „entflammt“ werden. Nacheinander wird jedes sacht angetippt und mit einem imposanten Zischlaut zum Leben erweckt. In der Folge probieren wir auch, die Kinder mit dem imaginären Feuerzeug zu überraschen. Die Kinder kauern auf dem Boden, den Kopf zwischen die Arme genommen. Die Spannung wächst: „Wann darf auch ich zur Kerze werden?“

Meine Flamme brennt ruhig oder wild

Den hochgewachsenen, züngelnden Flammenkindern bieten wir schließlich allerhand Bewegungsreize an. Ein Sturm bläst sie fast um – wir beugen uns tief nach allen Seiten. Die Flammen brennen ruhig, greifen lodernd nach oben aus oder flackern wild. Langsam fangen wir im Raum zu gehen an. Die Kerzenhaltung mit nach oben gestreckten und geschlossenen Armen ist für die Kinder nicht auf

Dauer durchzuhalten – dies ist für sie doch eine sehr „theoretische" Haltung und überdies recht anstrengend. Es geht auch ohne. Dennoch recken und strecken wir die Arme immer wieder zwischendurch und animieren die Kinder zum Mitmachen.

Schließlich breiten wir die Arme aus und bewegen uns sachte drehend im fröhlichen Kerzenflammentanz. Ein kräftiges Pusten löscht all die lustig tanzenden Flämmchen wieder aus und bringt die Kinder zurück in den Kreis. Auch Kerzen müssen sich einmal ausruhen!

Ein grüner Zweig verwandelt sich

Mit ein wenig Inszenierungsgeschick richten wir es ein, dass unsere Gruppe auf einem Spaziergang oder im Garten einen schönen Tannenzweig „findet". Wir bringen den „Baum" gemeinsam und unter großer Anstrengung in unsere Räume. Ist er schön trocken, legen wir ihn beim Bodenkreis in die Mitte der Kinder. Alle reichen sich die Hände und singen zusammen die erste Strophe von „O Tannenbaum".

Wie grün sind deine Blätter? Sehen Blätter etwa so stachelig aus? Unsere Kinder haben dies von den Naturerkundungen im Herbst ganz anders in Erinnerung. Die Erzieherin bricht einen kleinen Zweig ab und gibt ihn den Kindern reihum in die Hand. Fühlt sich doch ein wenig seltsam an! ... und wie das riecht! Vielleicht trauen sich ein paar Kinder: Sanft lassen wir sie an der Wange spüren, wie stachelig die „Blätter" eines Nadelbaums sind.

Nun ist der grüne Zweig ausreichend erkundet und der Zeitpunkt für eine kleine „Verschönerungsaktion" gekommen. Jedes Kind erhält einen in unserer „Bastelwerkstatt" vorbereiteten Stern zum Aufstecken. Die Formen sind aus golden oder silbern glänzendem Fotokarton ausgeschnitten, mit einem Loch in der Mitte von 2 cm Durchmesser. Die Schmuckelemente werden durch die Aussparung auf die Zweige gesteckt. Aufhänger aus Schnur oder Faden würden ein feinmotorisches Geschick erfordern, über das unsere Kinder meist noch nicht verfügen.

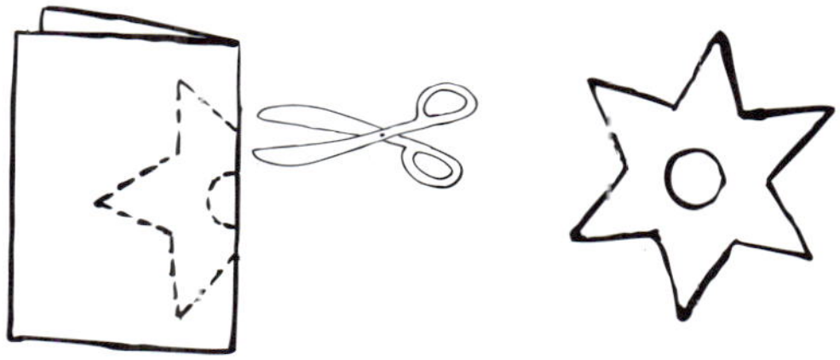

Die Erzieherin nimmt den Tannenzweig nun auf und reihum darf jedes Kind seinen Stern oder Engel an die äußeren Spitzen des Zweiges stecken. Zusehends verwandelt sich der grüne Naturzweig in einen reich geschmückten Weihnachtszweig. Zum Abschluss der gemeinsamen Beschäftigung stimmen wir noch einmal „O Tannenbaum“ an, bevor unser Werk einen schönen Platz in unseren Räumlichkeiten findet – vielleicht an der Eingangstür als kleiner Adventsgruß.

Ein kleines Engelsgeschenk

Vorbereitung: Eine Handpuppe, z.B. die Prinzessin aus dem Kasperltheater, wird mit kleinen Flügeln (aus Alu-Bastelfolie oder weißen Federn) und einem goldenen Stirnband als Englein gestaltet. Für jedes Kind ist ein gefalteter kleiner Stern aus Alu-Bastelfolie vorbereitet, sorgfältig in ein Körbchen gelegt.

Die Kinder sitzen im Kreis, während irgendwoher leise ein Glöckchen erklingt. Wir lauschen, staunen, schauen zusammen in die Höhe – ohne etwas entdecken zu können. Da öffnet sich die Tür einen Spalt breit und eine Kollegin tritt ein, mit dem Englein auf der Hand, das geradewegs aus dem Himmel zu kommen scheint. Sie setzt sich zur Gruppe in den Kreis und die kleine Puppe begrüßt jedes einzelne Kind ganz persönlich. Die Kinder haben Zeit, sich auf die geheimnisvolle Figur einzulassen. Da fällt dem Englein ein, dass es etwas Wichtiges in den Wolken vergessen hat. Es schwebt also durch den Raum – und richtig: ganz oben auf dem Schrank steht ein Körbchen voller Gaben. Wieder zurück im Kreis bekommt jedes Kind sein kleines Geschenk liebevoll überreicht. Ist alles verteilt, muss das Englein weiterfliegen. Es hat ja noch so viel zu tun! Wir winken dem lieben, geheimnisvollen Besuch zum Abschied und wünschen gute Reise.

Still, still, Kindlein

Still, still, still, weil's Kindlein schlafen will.
Das Kindlein schläft auf Heu und Stroh,
das Kindlein schläft so ruhig und froh. *(kurze Pause)*
Still, still, still, weil's Kindlein schlafen will.

... Wach auf, Kindlein, wach auf!

Überliefert; Bearbeitung: Monika Lehner

Wir stimmen die Kinder auf eine harmonische Atmosphäre ein, die zur Ruhe und zum Schlaf einlädt. Ein paar getrocknete Grashalme liegen bereit und symbolisieren unser „Heu und Stroh". Wir nehmen reihum jeweils ein Kind auf den Schoß und wiegen es sanft zur Melodie des weihnachtlichen Wiegenlieds „Still, still, still, weil's Kindlein schlafen will". Einige der Kinder schließen hierbei die Augen und genießen die geborgene Situation. Die Kinder im Kreis gehen meist ganz natürlich auf das Ruhebedürfnis des „Schlafkindes" ein. Am Ende des Lieds flüstern wir dem Kind ein „Wach auf Kindlein, wach auf!" ins Ohr. Vielleicht wird jedes Kind mit einem getrockneten Gras- oder Getreidehalm ein wenig gekitzelt und so gleichsam „aufgeweckt".

Die Abwechslung zwischen imaginierter Ruhephase und Aufwachen unter ausgelassenem Lachen gibt dem Spiel jene Spannung und Dynamik, die kleine Kinder so sehr lieben.

Weihnachtliche Kinderbackstube

Die Vorweihnachtszeit ist immer auch die Zeit von Naschereien. Einen ganz besonderen Stellenwert haben selbst gebackene und verzierte Plätzchen. Einige Kinder haben Mama oder Papa schon mal beim Teigkneten oder Plätzchenausstechen geholfen und sich dabei schon allerhand Bäckerwissen angeeignet. Diese Erfahrungen können wir sehr gut gebrauchen, denn auch in der Krippe gehört das gemeinsame Plätzchenbacken im Advent einfach dazu. Ein paar hübsche Küchenschürzen gelten den kleinen Bäckern als sicherer Hinweis für die baldige Eröffnung der Kinderbackstube.

Schon die ganz Kleinen können teilnehmen

Ein verführerischer Duft weht durch die Räume. Schon die ganz Kleinen können teilnehmen. Sie kommen in der Backstube vorbei und beobachten die Größeren beim Teigkneten und Ausstechen all der verschiedenen Formen, hören das Lied „Backe, backe Kuchen", spüren die Hitze des Backofens und können schon „Heiß!" sagen. Interessiert schauen sie durch das Ofenfenster, riechen das süße Aroma und erleben den Zusammenhang von Backen und Plätzchenessen.

In der weihnachtlichen Backstube machen kleine Kinder ganz elementare Erfahrungen. Erfahrungen, die auf den ersten Blick vielleicht gar nicht erwähnenswert scheinen. Doch gerade das macht ja das Lernen der Kleinen aus: Sie erleben alle Dinge des täglichen Lebens neu, und alles ist ein Baustein zu ihrer Welterfahrung, zu ihrem Bild von der Welt. Nicht das ausgeklügelte pädagogische Angebot ist gefragt, sondern die Möglichkeit der Beobachtung und Teilnahme am alltäglichen Tun.

Die selbstgebackenen Plätzchen, mit Zuckerguss oder bunten Streuseln verziert, können bei der nächsten kleinen Adventsfeier verzehrt oder zwischendurch als besonderer Nachtisch angeboten werden. Auch für die Eltern und Geschwister kann man einen Teller mit Backwerk bereitstellen. Die Kinder bieten stolz etwas von ihren eigenständig hergestellten Köstlichkeiten an.

Pädagogisches Angebot oder wie daheim bei Mama?

Wir können unsere Kinder auf zweierlei Weise an die praktische Weihnachtsbäckerei heranführen. Entweder in der gezielten pädagogischen Situation, methodisch geplant und gut strukturiert mit einer größeren Kindergruppe oder wie daheim bei Mama: einfach dabeisein beim Tun und Werkeln der Erwachsenen.

Kinder als Akteure oder Beobachter

Die jeweilige Arbeitshöhe ist das deutlich sichtbare Unterscheidungsmerkmal. Es macht für die Kinder, aber auch für uns, einen bedeutsamen Unterschied, ob die Backvorbereitungen auf einem Kindertisch oder auf der Küchenarbeitsfläche stattfinden. Begeben wir uns auf die Höhe der Kinder, erleben diese sich als Hauptakteure. Holen sich die Kinder dagegen einen Stuhl, um unsere Tätigkeiten in der Küche verfolgen zu können, erleben sie sich als Beobachter. Viele Kinder sitzen auch gerne auf der Arbeitsfläche und damit noch näher am Geschehen, am liebsten sogar mittendrin. Natürlich lassen wir die kleinen Zuschauer tatkräftig bei allen denkbaren Handgriffen „helfen“, was sie nur zu gerne tun, dennoch bleiben Sie in der Beobachterrolle.

Beide Herangehensweisen sind auf ihre Weise wichtig und gewinnbringend für Kinder. Die beobachtende Teilnahme kann eher einfach zwischendurch, mit nur einem oder zwei Kindern durchgeführt werden, während die Beschäftigung für die Gruppe vorstrukturiert und in den allgemeinen Tagesablauf eingebettet werden muss. Wie immer die Weihnachtsbäckerei geplant ist, ohne einen gewissen Vorlauf geht es nicht.

Vorbereitung und Planung

Gute Planung ist beim gemeinsamen Backen mit Ein- bis Dreijährigen sehr wichtig. Wir können die Kinder kaum alleine lassen, um beispielsweise noch eine fehlende Zutat herbeizuholen. Auch ist die Aufmerksamkeitsdauer der Ein- bis Dreijährigen begrenzt. Durch gute Vorbereitung verkürzt sich die Dauer des Angebots. Der Arbeitsablauf wird flüssig und damit gut nachvollziehbar. Die Kinder bleiben mit ihrer Aufmerksamkeit bei der Sache und wir gewährleisten unsere permanente Präsenz und Zuwendung. Auch bei sorgfältiger Vorarbeit wäre es ideal, eine Kollegin würde bei Bedarf im Hintergrund assistieren.

Checkliste für entspanntes Backen mit den Kleinsten

- Einfache, gut funktionierende Backrezepte wählen. Unbedingt vorher ausprobieren!
- Zutaten von guter Qualität kaufen (Eier aus dem Bioladen!).
- Sämtliche Zutaten und Gerätschaften (Schüssel, Schneebesen, Teigschaber ...) bereitstellen.
- Zutaten vorher abwiegen und jeweils in ein Schälchen füllen.
- Besondere Vorsicht mit rohen Eiern (Salmonellengefahr)!
- Arbeitsablauf gut und vorausschauend planen.
- Eine sichere Abstellmöglichkeit für nicht mehr benötigtes Gerät vorbereiten.
- Separater Arbeitsplatz, für Kinder räumlich klar erkennbar.
- Eventuell Backschürzen für die Kinder bereithalten.
- Zahlenmäßige Beschränkung der Mithelfer, empfohlen sind 3 bis 4 Kinder. Es wird öfter gebacken, sodass alle einmal an die Reihe kommen können.

Alles handgemacht!

Fast jeder Teig lässt sich anstatt mit der Küchenmaschine auch mit der Hand oder mit mechanischen Geräten herstellen. Wir verzichten also auf Maschineneinsatz, da dies die Mitwirkungsmöglichkeiten der Kinder sehr einschränkt und auf Kosten ihres prozessualen Verständnisses geht. Elektrische Rührgeräte in Verbindung mit kleinen Kindern bergen überdies große Gefahren. Viele Kinder sind auch höchst empfindlich gegenüber maschinellen Geräuschen. In der Kinderbackstube müssen wir weder schnell noch effizient sein. Vielmehr führen wir die Kinder ein in die süße Welt aus Zucker, Mehl und Eiern und vermitteln ihnen ein wenig Küchen- und Backwissen. Selber machen heißt mit der Hand machen!

Besonders eindrucksvoll ist es etwa, Eischnee herzustellen. Schon das Trennen von Eidotter und Eiweiß in zwei Schüsseln ist höchst spannend. Nun kommt

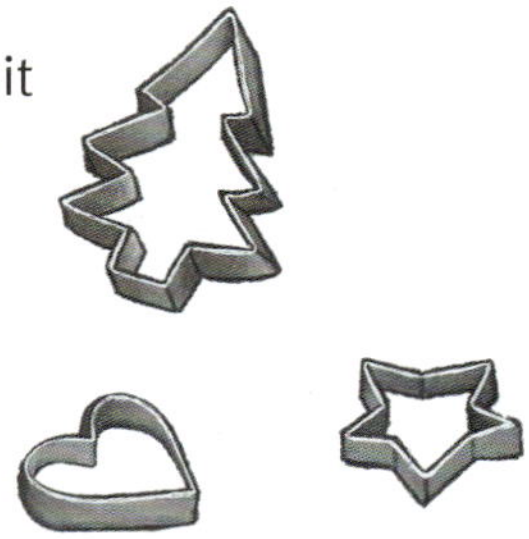

ein Handrührgerät zum Einsatz. Diese pfiffigen Rührgeräte mit Drehrad gibt es im Fachhandel wieder zu kaufen. Vielleicht findet sich am Dachboden (oder im Internet) auch noch ein „Rührfix“ (Rührschüssel mit aufgesetzter Drehvorrichtung) aus den 1970er-Jahren.

Jedes Kind kann einmal rühren und dabei die Verwandlung der durchsichtigen Flüssigkeit beobachten. Wie aus einer kleinen Menge flüssigen Eiklars eine Riesenmenge weißen Eischnees wird – das ist schon eine Sensation! Und dann bleibt der Eischnee ja sogar in der Rührschüssel *stehen*, wenn wir sie auf den Kopf stellen! Die Kinder bestaunen die kleine Küchenzauberei.

Erleben und Tun der Kinder stehen bei der Weihnachtsbäckerei im Vordergrund. Das Ergebnis muss nicht perfekt sein. Viel wichtiger ist die aktive Beteiligung der Kinder. Ein in unseren Augen verunglücktes Plätzchen schmeckt genauso gut!

Unsere Weihnachtsrezepte

Aus den unzähligen Rezepten für Weihnachtsplätzchen wählen wir solche aus, die leicht, rasch und vor allem gemeinsam mit kleinen Kindern realisierbar sind.

Praxis-Ideen

Butterplätzchen

Mürbeteig herstellen aus:
300 g Mehl
2 gestrichene Teelöffel Backpulver
125 g Zucker
1 P. Vanillezucker
1 Ei
150 g Butter oder Margarine (kalt)

Mehl und Backpulver und Zucker auf einem Arbeitsbrett mischen, in der Mitte eine kleine Mulde formen, kleingeschnittene Butter oder Margarine auf Mehlgemisch verteilen, Ei in die Mulde geben und mit der Gabel verrühren – alles rasch gut verkneten und mindestens eine Stunde kaltstellen.

Kalten Teig auf etwas Mehl oder zwischen Frischhaltefolie ausrollen, verschiedene Formen (geeignet sind kompakte Formen wie Kugel oder Herz – filigrane Formen erfordern mehr feinmotorisches Geschick) ausstechen, auf Backpapier legen und bei Mittelhitze (180 °C) goldgelb backen (8 bis 10 min). Nach dem Erkalten die Plätzchen mit je einem Klecks Zuckerguss betupfen und bunte Streusel oder Schokostreusel darauf geben.

Zuckerguss (kalt gerührt) herstellen: Puderzucker wird gesiebt und mit Flüssigkeit (Wasser oder Zitronensaft) verrührt, bis eine glatte, glänzende Glasur entsteht. Sofort verwenden! Vorsicht mit der Flüssigkeitsmenge: Für 50–60 g Puderzucker benötigt man knapp 1 Esslöffel Wasser.

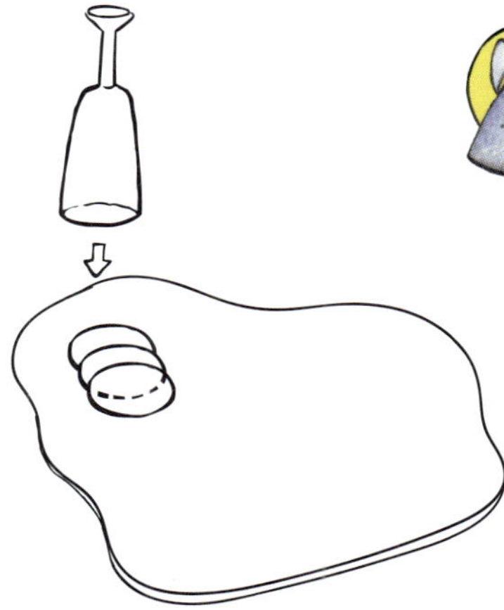

Schokoladenmonde

Rührteig herstellen aus:

240 g Zucker
250 g Butter
6 Eier (getrennt)
300 g Schokolade (6 Rippen Blockschokolade gerieben oder Schokoflocken)
240 g Mehl

Butter, Zucker und Eigelb schaumig rühren, zunächst mit dem Schneebesen (mit Kindern), Fertigstellung der Schaummasse mit dem elektrischen Rührgerät (ohne Kinder), Schokolade und Mehl unterheben und sehr steif geschlagenes Eiweiß (Handrührgerät) unterheben.

Teigmasse ca. 1,5 cm dick auf ein Backpapier streichen. Auf der mittleren Schiene bei 180 °C 15 bis 20 Minuten backen.

Nach dem Erkalten mit einem Glas (gerade Form, dünner Glasrand, z.B. Pilsglas) nacheinander Monde ausstechen. Die erste Form ist ein „Vollmond“, gefolgt von vielen „Halbmonden“, die entstehen, wenn man das Glas jeweils nur um die Hälfte des Kreises weiterrückt. Kleiner Aufwand, große Wirkung!

Vanillekipferl (vom Kipferl-Backblech)

Gerührten Mürbeteig herstellen aus:

100 g weiche Butter
60 g Zucker
1 Ei
½ P. Vanillezucker
95 g Mehl
30 g geschälte, fein gemahlene Mandeln (hell und feinkörnig)

Butter, Zucker und Ei mit dem Schneebesen gut verrühren, Mehl und Mandeln einrühren und mit dem Teigspachtel auf das leicht gebutterte Vanillekipferl-Backblech (Haushaltswarenhandel) mit seinen bogenförmigen Vertiefungen streichen. Bei 160 °C goldgelb backen (ca. 15 min). Kurz abkühlen lassen, aus der Form stürzen oder mit der Messerspitze vorsichtig herauslösen. Mit einem Gemisch aus Puder- und Vanillezucker bestäuben – schmeckt aber auch prima ohne!

Kinderbackrezept

Bei der Vorbereitung zur Kinderbackstube wird das gewählte Backrezept gemeinsam mit den Kindern besprochen, die erforderlichen Zutaten und Gerätschaften zeichnen wir auf einem kleinen Plakat auf, so dass für die Kinder ein „lesbares“ Backrezept entsteht. Anhand dieser an die Wand gehefteten Rezeptur können die Kinder später auch ihren Eltern erklären, wie die Plätzchen entstanden sind. Die Bedeutung eines Backrezeptes wird ganz nebenbei vermittelt.

Klingende Kinderbackstube

Die Kinder können all die spannenden Tätigkeiten rund ums Backen kaum erwarten. Jetzt ist Zeit für ein Lied rund ums Teigkneten und Backen. Dies hilft sowohl die Kindergruppe, als auch den Zeit- und Arbeitsablauf zu strukturieren. In wiederkehrenden Situationen, im Zusammenhang mit ganz bestimmten Beschäftigungen immer wieder die gleichen, thematisch passenden Lieder zu singen, ist für kleine Kinder lustvoll und hilfreich. Auditives und praktisches Erleben verknüpfen sich. Ein kleines Ritual entsteht.

Praxis-Ideen

Backe, backe Kuchen

Bei der Vorbereitung, beim Hantieren mit den Ausstechförmchen oder beim Warten vor dem Backherd, bis die Plätzchen goldgelb gebacken sind, ist *ein* Klassiker unverzichtbar: „Backe, backe Kuchen, der Bäcker hat gerufen“. Dieses einfache, einstrophige Kinderlied begleitet in elementarer Weise unsere Beschäftigung und passt genau zur Altersstufe.

Backe, backe Kuchen,
der Bäcker hat gerufen!
Wer will guten Kuchen backen,
der muss haben sieben Sachen:
Eier und Schmalz, Zucker und Salz,
Milch und Mehl, Safran macht den Kuchen gehl:
Schieb in den Ofen rein.

Vielleicht sieht unser Backrezept andere Zutaten vor als die Aufzählung im Lied, dennoch passt das Liedchen zu allen Teigarten. Und was mag wohl „Safran macht den Kuchen gehl“ bedeuten? In einem kleinen Schatzdöschen verwahren wir die kostbaren Safranfäden oder Safranpulver und geben dem Teiggemisch zwei, drei Fäden oder eine kleine Prise bei. Der Text des Liedes findet eine schöne Entsprechung im Tun.

Schnee- und Flockentreiben

Auch die Zeilen des folgenden weihnachtlichen Volksliedes, ob in altbayrischem Dialekt oder in der „Übersetzung“, passen wunderbar zu Plätzchenteig und Ausstechformen.

Schnee- und Flockentreiben,
musst im Stübchen bleiben.
Heute woll’n wir Plätzchen backen,
Lebkuchen und süße Sachen.
Schieb’s in Ofen rein,
mhm, die schmecken fein.

Schniwi, schnawi, schneibn

Melodie: Kurt Brüggemann (1908–2002)
Text: Gustl Laxganger (1902–1987)
© 1961 by Edition Hieber im Allegra Musikverlag, Germany

Kleine Adventsfeier mit Eltern

In der Vorweihnachtszeit sind die Eltern mit vielerlei Vorbereitungen beschäftigt und häufig gestresst. Laden wir sie dennoch zu einer kleinen Feier in die Einrichtung ein, um ein paar gemütliche Stunden zusammen mit den Kindern zu verbringen. Dies ist auch für die Kinder stets etwas ganz Besonderes! Egal wie die Feier genannt wird – „Lichtercafé", „Adventskränzchen" oder was immer Ihnen gefällt – in jedem Fall ist die gemeinsame Adventsfeier eine schöne Geste des Kita-Teams, einmal auch die Eltern zu überraschen und zu erfreuen.

Festvorbereitung – Gut geplant ist halb gefeiert

Termin, Einladung und Speisenangebot

Idealerweise wählen wir für das Elternfest einen Zeitpunkt, der auch für berufstätige Eltern passend ist, etwa der späte Nachmittag. Die empfohlene Dauer der Adventsfeier ist anderthalb bis maximal zwei Stunden. Mit einem ansprechend gestalteten Plakat und persönlichen Infozetteln laden wir die Eltern herzlich zu einem festlichen Beisammensein in die Kita ein.

Einen kleinen kulinarischen Beitrag bringen die Eltern meist gerne mit. Ob bei der Feier süße oder auch herzhafte Speisen angeboten werden, wird im Vorfeld abgeklärt. Selbst wenn nicht jeder etwas beisteuert, ist die Adventstafel erfahrungsgemäß ausreichend gedeckt.

Checkliste zur Vorbereitung

Im Team erstellen wir im Vorfeld eine Checkliste für die Feier. Die Aufgaben werden verbindlich verteilt. Je nach Festidee und -gestaltung sind unterschiedliche Vorbereitungen zu treffen. Ein paar wesentliche Eckpunkte stehen dabei immer auf der Tagesordnung:

- Gute Zeitregie entwickeln (Zeit zum Ankommen, Möglichkeit zum Plaudern einplanen).
- Tische, Stühle (evtl. vom Träger bereitstellen lassen).
- Papiertischdecke und Servietten mit weihnachtlichem Motiv

- Standfeste Kerzenhalter mit Kerzen oder Tischlichter, Lichterketten
- Geschirr, Besteck, jeweils mehrere Behälter für Kaffeesahne und Zucker
- Thermoskannen (evtl. Gastro-Kaffeebereiter ausleihen)
- Zutaten für Punsch, schöne Henkelgläser und Tabletts
- Liederzettel für Eltern
- Kleinen Engel vorbereiten (→ umgestaltete Handpuppe Seite 77).
- Gegebenenfalls weihnachtliche Engelsgabe vorbereiten (Geschwisterkinder nicht vergessen!).

Sicherheits-Check

- Sichere Kabelverlegung beachten!
- Kinder NIE mit offenem Kerzenlicht alleine lassen!
- Kerzen auf dem Adventskranz gegebenenfalls erneuern, auf sichere Aufstellung/Aufhängung achten.
- Einen Eimer Wasser bereitstellen.
- Nothilfe bei Brandverletzungen – Wissen und Praxis stets auffrischen.
- Kleinteiliges Spiel- und Beschäftigungsmaterial aus dem Gruppenraum entfernen.
- Aufsichtsführung während der Feier im Team klar absprechen.

Räumlichkeiten

Wir benötigen für die Festgestaltung einen separaten Raum. Ist kein zusätzlicher Gemeinschaftsraum vorhanden, eignet sich meist der Schlafraum recht gut. Nach dem Mittagsschlaf werden Betten oder Matratzen rasch beiseite geräumt und der Raum verwandelt sich in einen kleinen Festsaal. Anfangs können die Kinder noch dabeisein, auf den hereingetragenen Tischen und Stühlen ein wenig herumturnen und die sich verändernde Atmosphäre schnuppern. Irgendwann aber müssen sie den Raum verlassen. Während wir nun die Eltern nach und nach begrüßen dürfen, bleibt eine Kollegin im Festraum, um ihn fertig zu schmücken und den Tisch zu decken. Immer wieder öffnet sich die Tür einen Spalt breit und die Mitbringsel der Eltern werden mit ein wenig heimlichem Getuschel hir eingereicht, was die Kinder mit wachsender Neugier beobachten.

Das Lichtercafé – Festgestaltung

Für unser „Lichtercafé“ wird der Festraum leicht abgedunkelt, mit Tischen, Stühlen oder Bänken für die erwartete Gästezahl bestückt und mit Tannengrün sowie einigen Lichterketten geschmückt. Der Adventskranz bekommt einen Ehrenplatz im Raum.

Die Festtafel ist vorbereitet

Die Tische – schön ist eine lange Tafel – werden hinter verschlossener Tür mit einem weißen Papiertischtuch, weihnachtlichen Servietten, reichlich Kerzen und Kaffeegeschirr gedeckt. Die von den Eltern mitgebrachten Leckereien komplettieren die festliche Tafel. Wir halten ein paar größere Servierplatten bereit, um die verschiedenen Kuchen, Stollen und Plätzchen gemischt anrichten und verteilen zu können. Auch Kaffee, Tee und Getränke für die Kinder stehen auf den Tischen bereit. Von einem separatem Büfett ist eher abzuraten, da das wiederholte Aufstehen große Unruhe in das meist dicht gedrängte Geschehen bringt.

Sind alle Eltern eingetroffen, werden die Lichterketten zum Leuchten gebracht und alle Kerzen im Raum entzündet. Ein paar Tannennadeln, kurz angezündet, oder ein Aromaöl mit Zimt und Orange verbreiten dezent weihnachtlichen Duft.

Spannung vor der geheimnisvollen Tür

Vor der Tür stimmt inzwischen eine Kollegin die kleine Festgesellschaft ein. Die Kinder kommen nach vorne. Vielleicht ist das eine oder andere Kind irritiert von der ungewohnten Stimmung im Raum – oder den vielen Eltern in der Kita. Dann bietet der Arm von Mama oder Papa die notwendige Sicherheit. Sind einzelne Eltern verhindert oder verspätet, kümmern sich die Erzieherinnen ganz besonders aufmerksam um deren Kinder. Wenn so viele andere Eltern da sind, ist die Abwesenheit der eigenen Eltern besonders schmerzlich zu spüren. Wir nehmen das betreffende Kind an der Hand oder auf den Schoß!

Während die aufgeregte Schar noch gespannt vor der Tür wartet, erklingt wie von fern ein zartes Glöckchen, das anzeigt, dass sich die geheimnisvolle Tür öffnet. Die Kinder treten mit ihren Eltern ein in unser festlich erleuchtetes Adventszimmer. Unausgesprochen (!) inszenieren wir hier einen kleinen Vorgeschmack auf den Weihnachtsabend.

Gemeinsam staunen, tafeln, singen

Schauen und Staunen! Die Kinder, aber auch ihre Eltern lassen sich von der Stimmung bezaubern. Alle suchen sich einen Platz am Kaffeetisch, die meisten Kinder setzen sich auf den Schoß von Mama oder Papa. Eine Erzieherin begrüßt die Festgesellschaft und bedankt sich für die mitgebrachten Gaben. Nun reichen sich alle reihum die Hände und singen gemeinsam ein bekanntes Weihnachtslied (···➢ Seite 71).

Danach können alle die angebotenen Leckereien genießen. Für später steht vielleicht ein Schluck Sekt mit Orangensaft bereit. Freundlich bewirtet fühlen sich die Eltern wohl und finden Gelegenheit, die Mitarbeiterinnen der Kita sowie andere Eltern besser kennenzulernen. Die Kolleginnen vom Team achten darauf, möglichst mit allen Eltern in Kontakt zu kommen. Keine Mama, kein Papa soll alleine und isoliert bleiben. Die Beziehung der Eltern untereinander und zu „ihrer" Kita wird durch dieses schöne Miteinander geknüpft und intensiviert.

Eltern nehmen Wertschätzung und Aufmerksamkeit bei der Vorbereitung eines festlichen Adventsnachmittags und unsere Gastfreundschaft sehr genau wahr und honorieren die Bemühungen des Teams.

Zum Ausklang des „Lichtercafés“ wird noch einmal gemeinsam ein Weihnachtslied angestimmt. ... dann schwebt ganz zart ein kleiner Engel (Handpuppe) in den Festsaal und bringt allen Kita- und Geschwisterkindern noch eine süße Kleinigkeit oder ein goldenes Sternchen ... Schließlich werden Eltern und Kinder mit den besten Wünschen für den Nachhauseweg sowie für eine schöne Zeit bis zum Weihnachtsfest verabschiedet.

Unsere Aufsichtspflicht ruht keineswegs während des gemütlichen, besinnlichen, teilweise vielleicht auch turbulenten Beisammenseins. Die Mitarbeiter vom Team haben sehr gegensätzliche Anforderungen erfüllen: in gelöster Stimmung bei und mit den Eltern feiern, Gastgeberpflichten erfüllen und dabei stets aufmerksam die Kinder im Auge behalten und für sie präsent sein.

... bald kommt
das Christkind!

Die Adventszeit neigt sich ihrem Ende zu. Das Weihnachtsfest ist die Krönung dieser vierwöchigen Hinführungsphase und beendet das lange Warten. Während der Advent parallel in Familie und in Kita stattfindet, ist Weihnachten selbst ein reines Familienfest. Wir arbeiten in der Einrichtung also lange hin auf einen Höhepunkt, den wir gemeinsam mit den Kindern nicht erleben werden. Kleine weihnachtliche Vorboten sind in der Kita zwar willkommen, das eigentliche Fest mit leuchtendem Tannenbaum, der Melodie von „Stille Nacht" und Geschenken bleibt jedoch dem 24. Dezember und damit allein dem Familienkreis vorbehalten. Selten wird ein Zusammenwirken von Kita und Familie deutlicher sichtbar.

Der Tag vor dem Fest

Dem letzten Tag vor dem Weihnachtsfest wenden wir in der Einrichtung noch einmal besondere Aufmerksamkeit zu. Wir achten auf eine ruhige, festliche Atmosphäre. Dies ist nicht immer ganz leicht, denn am letzten Tag vor den Feiertagen bzw. Ferien gibt es natürlich mehr als genug zu tun und zu organisieren.

Versuchen wir der allgemeinen Hektik keinen Raum zu geben. Bewahren wir, solange die Kinder in der Kita sind, die adventliche Stimmung. Die Weihnacht steht kurz bevor und damit der Schluss- und Höhepunkt der gesamten Adventzeit.

Die Geschichte vom Jesuskind wird noch einmal erzählt, die Weihnachtskrippe mit den Holzfiguren betrachtet. Die nun schon gut bekannten Weihnachtslieder werden gesungen und sicher benennen einige Kinder ihre Wünsche an das Christkind oder den Weihnachtsmann.

Beim Abholen darf jedes Kind seinen ganz persönlichen Stern, Baum oder Engel mit nach Hause nehmen. Wir überreichen die Bastelei jedem Kind persönlich und verabschieden die Kinder und Eltern mit den besten Wünschen für ein gesegnetes Fest und einen guten Start ins kommende Jahr.

Erst wenn alle Kinder abgeholt sind, werden Adventskranz und Adventskalender abgenommen. Die restliche Weihnachtsdekoration kann noch bis zum Dreikönigsfest und darüber hinaus die Räume schmücken. Aber die Zeit des Advents und seiner zentralen Symbole ist nun zu Ende. ... bald ist Weihnachten, bald kommt das Christkind!

Die Weihnachtszeit klingt aus

Zurück in den Kita-Alltag

Die Feiertage sind vorüber, vielleicht auch kleine Weihnachtsferien, die Kita hat wieder geöffnet und alle Kinder sind wieder „an Bord“. Manchen Kindern fällt der Wiedereintritt nicht ganz leicht und sie durchleben nochmals eine „kleine Eingewöhnungsphase“. Behutsam fangen wir sie auf und begleiten sie zurück in den Kita-Alltag. Die meisten Kinder sind aber ganz schnell wieder da und scheinen es geradezu zu genießen, nach all dem Festtagstrubel entspannt in ihren ganz eigenen, gewohnten Alltag einzutauchen.

Wir stellen uns auf die Befindlichkeit der Kinder ein. Will ein Kind aufgeregt von seinen Erlebnissen rund um Weihnachten erzählen, greifen wir dies genauso auf wie den kindlichen Wunsch nach Ungestörtsein und Normalität. Das Weihnachtsfest liegt aus Kinderperspektive ja auch schon eine ganze Weile zurück. Lebt man im Moment, wie Ein- bis Dreijährige dies tun, kann eine Woche wie eine kleine Ewigkeit wirken. Lassen wir die Kinder erst einmal ankommen!

Nachspüren, Nacherzählen

Die Gelegenheit zur Nachbereitung des Weihnachtsfestes bietet sich allemal noch, etwa später im Morgenkreis. Nachdem wir die morgendliche Zusammen-

kunft mit dem gewohnten Ritual eröffnet haben, stimmen wir eines unserer Weihnachtslieder an. Dies wird die Kinder schnell in die Weihnachtswelt zurückversetzen. Gefühle, Gedanken und Erinnerungen leben auf. Nun ist die Zeit gekommen, von den Weihnachtserlebnissen zu berichten. Auch die Jüngsten „erzählen" mit strahlenden Augen und beredten Gesten. Wir achten darauf, dass jedes Kind in irgendeiner Form zu Wort kommt. Aus den einen sprudelt es aufgeregt heraus, während andere gelockt und unterstützt werden wollen. Wir moderieren die Erzählstunde und versuchen, die Balance zwischen den verschiedenen Temperamenten unserer Kinder zu halten.

Achten wir darauf, unsere animierenden und lenkenden Fragen nicht allein auf die Geschenke zu richten, sondern auch den Tannenbaum und die Botschaft und die Stimmungen des Weihnachtsfestes mit in den Blick zu nehmen. Ist der Fragefokus „Was hat denn das Christkind gebracht?", muss man sich nicht wundern, wenn die materielle Komponente des Weihnachtsfestes in den Vordergrund rückt. Die Päckchen und Geschenke sind als Reiz meist alleine stark genug. All die Puppen, Bälle, Eisenbahnen und Traktoren sind ja durchaus wichtig für die Kinder, sie sind mit viel Freude und erlebter Wertschätzung verbunden. Vom Weihnachtsfest darf dennoch etwas mehr im kindlichen Bewusstsein bleiben.

Rückverwandlung der Räume

Ebenso wie die Kinder sich in ihren gewohnten Kita-Alltag wieder einfinden, verändern sich die Räume wieder: Langsam legen sie ihr festliches Weihnachtskleid ab.

Adventskranz und Adventskalender als zentrale Symbole der Vorweihnachtszeit wurden bereits – ungesehen von den Kindern – abgenommen. Dennoch bleibt genug adventlicher Raumschmuck, um an die besondere Atmosphäre dieser intensiven Zeit zu erinnern, was auch noch ein bis zwei Wochen so bleiben kann. Entscheidend ist, ob die *innere* Stimmung der Kinder noch etwas mit der *äußeren* Dekoration zu tun hat. Sind Sterne und Engel nur noch achtlose Dekorationselemente, ist es Zeit, sie abzunehmen. Nun werden Tannenzweige gemeinsam hinausgetragen, Lichterketten wieder sorgfältig verstaut und all die Sterne nach und nach abgehängt. Das weihnachtliche Gepräge weicht allmählich dem gewohnten Alltagsbild der Räumlichkeiten. Bald werden neue Dekorationselemente auftauchen, vielleicht ein großer, gemeinsam mit kleinen weißen Papierschnipseln beklebter Schneemann ...

Gönnen wir uns und den Kindern, aber auch den Augen eine kleine „Verschnaufpause". Mut zur Lücke! Nach der inhaltlich und optisch sehr dichten Adventszeit darf ruhig einmal eine Phase der Orientierung zwischengeschaltet sein und die Wände leeren sich. Leere muss nicht als kahl und öde erlebt werden. Leere bietet auch Raum für neue Ideen – macht bereit für neue Bilder, für neues Erleben.

Dank

Vielen Dank an Bettina Saleki
für die fachlich und formal hilfreichen Anregungen und
die viele geschenkte Zeit.
Vielen Dank an Sepp Kalleder
für den Notensatz der aus dem Bauch heraus gesungenen Lieder.
Vielen Dank an Manfred Lehner
für die wunderbaren Fotografien und die Covergestaltung.
Vielen Dank an Antje Bohnstedt
für die einfühlsame Illustration der Bücher und Kamishibai-Bildkarten.
Vielen Dank an Hildegard Kunz
für das umsichtige Lektorat.
Vielen Dank an die Kolleginnen der Valleyer Kinderstube
für die Nachsicht, wenn meine Gedanken mehr beim Schreiben
als bei den Kindern waren.
Vielen Dank an die Kinder der Valleyer Kinderstube
für ihr geduldiges Mitmachen bei so manchem Fotoshooting.
Vielen Dank an alle kleinen Kinder,
die mir seit vielen Jahren und noch immer zeigen,
worauf es ankommt – nicht nur beim Festefeiern.

Zur Autorin

Monika Lehner, Erzieherin, seit über 25 Jahren in der Betreuung Ein- bis Dreijähriger tätig, leitet eine kommunale Kinderkrippe in der Nähe von München und gibt Fortbildung für Krippenpädagoginnen.

Kleine Kinder feiern Feste

ISBN 978-3-7698-2113-0

ISBN 978-3-7698-1904-5

ISBN 978-3-7698-1877-2

ISBN 978-3-7698-1878-9

www.donbosco-medien.de

Mit Bildkarten Feste entdecken

EAN 426017951 063 2

EAN 426017951 220 9

EAN 426017951 064 9

EAN 426017951 052 6

EAN 426017951 053 3

EAN 426017951 058 8

DON BOSCO

LEBENDIG. KREATIV. PRAXISNAH.

Mit kleinen Kindern durch das Jahr

ISBN 978-3-7698-1976-2

ISBN 978-3-7698-1977-9

ISBN 978-3-7698-1952-6

ISBN 978-3-7698-1953-3

EAN 426017951 128 8

Diese 12-teilige Bildgeschichte für das Kamishibai ergänzt ideal die Reihe „Mit kleinen Kindern durch das Jahr"!

www.donbosco-medien.de

DON BOSCO

LEBENDIG. KREATIV. PRAXISNAH.